KB179073

자크 라캉이 들려주는
욕망 이야기

자크 라캉이 들려주는
욕망 이야기

ⓒ 양해림, 2008

초판 1쇄 발행일 2008년 7월 21일
초판 11쇄 발행일 2023년 5월 18일

지은이   양해림
그림   김정진
펴낸이   정은영
펴낸곳   (주)자음과모음

출판등록   2001년 11월 28일 제2001-000259호
주소   10881 경기도 파주시 회동길 325-20
전화   편집부 (02)324-2347 경영지원부 (02)325-6047
팩스   편집부 (02)324-2348 경영지원부 (02)2648-1311
e-mail   jamoteen@jamobook.com

ISBN 978-89-544-0820-2 (64100)

자크 라캉이 들려주는
욕망 이야기

양해림 지음

|주|자음과모음

우리가 거울을 들여다보는 것은 동화에서뿐만 아니라 일상생활에서도 커다란 의미를 갖고 있습니다. 이것은 수백 년, 수천 년이 지난 오늘까지도 변함이 없습니다. 이러한 거울의 매력은 어디에서 오는 것일까요? 동화《백설 공주》에서 그 해답을 찾아보면 다음과 같은 결론이 나옵니다. 거울은 진리를 표현한다!

"거울아, 거울아. 이 세상에서 누가 제일 예쁘니?"
"당연히 백설 공주님이지요."

평범한 거울도 알고 보면 특이한 점이 있습니다. 오른쪽과 왼쪽을 바꿔서 보여줍니다. 이 때문에 우리는 거울에 비친 상이 있는 그대로인지 항상 의심하게 됩니다. 그리고 거울에 비친 상을 다시 한 번 거울에 반사시켜 좌우를 바로잡고 싶은 충동을 느낍니다.

사람들은 거울에서 자기 자신을 본다고 이야기합니다. 정말로 거울에서 자신을 볼 수 있을까요? 조명을 비추고 화장을 해서 자신보다 더 아름다운 누군가를 보려 하는 건 아닐까요?

정신분석학의 창시자인 프로이트는 이 경험에 '나르시시즘'이라는 이름을 붙였습니다. 이것은 물에 비친 자신의 모습과 사랑에 빠진 나르키소스라는 인물을 다룬 신화에서 프로이트가 따온 말입니다.

라캉은 거울단계 개념을 통해 정신분석 치료과정을 잘 밝혀 주었습니다. 이를 통해 우린 우리가 자라온 날들의 기억을 되살리며 나 자신의 마음에 대해 적절한 통찰을 얻을 수 있을 것입니다.

자, 이제 그러면 라캉을 따라 거울단계 여행을 떠나 볼까요.

2008년 7월 대전 궁동에서

양해림

C O N T E N T S

책머리에
프롤로그

1 상상계 | **013**
1. 거울아, 거울아, 이 세상에서 누가 제일 예쁘니?
2. 수선화야, 수선화야 3. 슈퍼맨이었던 나
4. 거울 속의 나 5. 김준오, 넌 누구냐?
• 철학 돋보기

2 상징계 | **055**
1. 아빠, 미워! 2. 거울놀이
3. 오공이의 탈출 4. 사랑받고 싶어
5. 마음속에 있는 또 하나의 마음 6. '나'라는 별
• 철학 돋보기

3 실재계 | 113

1. 라이벌 오영철 2. 삼총사는 싫어!
3. 없어도 있는 듯, 있어도 없는 듯
4. 새로운 세상을 향하여 5. 주이상스
6. 죽을힘을 다해
• 철학 돋보기

에필로그
부록_통합형 논술 활용노트

아빠가 만들어 준 나무집 지붕에 앉아, 식구들의 모습을 유심히 보는 것은 언제나 즐겁다. 혜인이는 오늘도 거울 앞에 서서 주문을 외치고 있었다. 그리고 식탁 앞에 앉은 준오는 뭔가를 골똘히 생각하는 것 같았다. 아직도 수진이한테 고백을 못 한 건가?

"여보, 병원에 가지고 갈 서류 못 봤어?"

아빠는 동물병원에 가지고 갈 물건을 챙기느라 바빴다.

"거기 화장대 위에 잘 찾아봐요. 혜인마마, 이제 거울은 그만 찾고 식사나 하시지요. 도련님도 어서 식사 하세요."

엄마는 애들 밥 챙기느라 정신이 없었다. 우당탕탕!

"아이쿠야!"

삼촌이 방에서 책을 잔뜩 들고 나오다 문지방에 걸려서 넘어지는 바람에 책을 전부 떨어뜨렸다. 삼촌은 엉거주춤 앉아 책을 주웠다.

오늘따라 식구들이 나한테 아는 체를 안 한다. 오늘이 내 생일이란 걸

다들 잊었나? 내가 선물 달라고 조를까 봐 모른 척하는 건가? 아무리 그렇다고 해도 오늘은 내 생일인데, 다들 너무한다.

정확히 따지면 내가 태어난 날은 오늘이 아니다. 난 내가 언제 태어났는지 모른다. 내가 이 집에 들어온 날을 엄마 아빠가 생일로 정해 준 것이다. 내 나이 세 살. 그러고 보니 내가 이 집에 들어온 지도 3년이 다 되었다.

우리 식구는 나를 포함해서 전부 일곱이었다. 내가 아무리 장난을 쳐도 혼내지 않는 동물병원 원장인 아빠, 친절한 엄마, 언제나 나를 지켜 주는 준오, 거울공주 혜인, 라이벌 민오, 연구대상이자 아빠의 동생인 덜렁이 삼촌, 그리고 나.

삼촌은 항상 덜렁거리지만 우리 집에서 생각이 가장 많다. 한 번 생각에 빠지면 잠도 잊고 먹는 것도 잊고 씻는 것도 잊었다. 삼촌은 생각할 일이 생기면 오로지 생각만 하는 사람이었다.

삼촌이 내 앞을 지나갔다. 으, 머리 냄새! 삼촌, 아무리 생각하는 게 좋다고 하지만 좀 씻으세요!

"왜 오꽁! 나한테 뭐 할 말 있니? 흐흐흐."

삼촌이 머리를 긁적이며 나를 보았다. 차라리 쳐다보지를 말자. 나는 고개를 돌렸다. 게으르고 엉뚱한 삼촌이 부지런하고 똑똑한 아빠의 동생이라는 사실을 믿을 수 없었다. 어느 누구도 둘이 형제라고는 생각하지 못할 것이다.

게다가 이런 삼촌이 처음에는 법을 공부하려 했다니……. 믿을 수 없었다. 더욱 믿을 수 없는 건, 삼촌이 자다가 벌떡 일어나 이렇게 소리를 질렀다는 것이었다.

"더 이상 법을 공부할 수 없어! 인간을 심판하고 변호하느니 차라리 인간의 마음을 공부해서 상처받은 마음과 영혼을 치료해 주겠어!"

그리고 책꽂이와 책상에 널브러져 있던 법전과 법에 관련된 책들을 몽땅 쌓은 후, 자고 있던 할아버지와 할머니를 깨웠다. 할아버지와 할머니는 삼촌이 의과대학에 다시 들어가 신경정신과 의사가 되겠다는 줄 알고 삼촌이 다시 공부하는 것을 허락했다고 한다.

하지만 삼촌은 처음부터 할아버지 할머니에게 의대의 '의' 자도 꺼낸 적이 없었다. 그것은 전부 의사 아들을 보고 싶었던 할아버지와 할머니의 착각이었다. 삼촌이 진짜 공부하고 싶었던 분야는 심리학이었다.

결국 삼촌은 할아버지와 할머니의 기대를 저버리고 심리학과에 들어갔다. 그리고 이제 대학 졸업반이 되었다. 이건 다 준오에게 들은 이야기라 확실한 건 아니다.

그나저나 3년을 함께 살다 보니 이젠 어느 누구 하나 나에게는 없어서는 안 될 사람이 되었다. 3년 전 겨울 밤, 봉지에 담겨 길거리에 버려진 나를 준오와 혜인이가 구해 주지 않았다면, 그리고 엄마와 아빠가 다친 나를 치료해 주지 않았다면 지금의 나는 없었을 것이었다.

그래. 다들 내 생명의 은인이니 생일 한 번쯤 잊는다고 그리 서운해하진 말자. 생일이 뭐 별건가. 내가 이 집에 들어온 날을 기념하는 날일 뿐이지.

그러나 생각과는 반대로 자기 일에 바쁜 식구들을 보고 있자니 힘이 점점 빠졌다. 나는 등을 잔뜩 웅크리고 눈을 감았다. 3년 전 길거리에 버려졌을 때의 추위가 느껴졌다. 아, 추위. 누가 날 좀 안아 줬으면. 그때 따뜻한 기운이 천천히 전해졌다.

"어머, 오공이가 그새 잠이 들었나 봐. 오공아, 일어나. 오늘은 해야 할 일이 많아. 혜인이 연극도 보러 가고, 저녁에 파티도 해야 해."

파티? 나는 파티란 소리에 눈을 번쩍 떴다. 혹시 나의 생일 파티? 엄마가 미소를 머금은 채 나를 안고 내려다보고 있었다. 고개를 들어 주위를 둘러보았다. 삼촌, 준오, 혜인, 민오는 벌써 나간 모양이었다.

야호! 이제 아빠, 엄마는 완전히 내 차지다.

아빠, 엄마가 내 차지가 되자 아까의 서운함은 눈 녹듯 사라졌다. 아, 조금만 더 있다가 가요. 나는 다시 꼭 눈을 감고 엄마 품속으로 파고들었다.

"자, 우리도 병원으로 출발해 볼까?"

아빠의 밝은 목소리가 들렸다. 우리는 일터인 동물병원으로 향했다.

상상계

1. 거울아, 거울아, 이 세상에서 누가 제일 예쁘니?

2. 수선화야, 수선화야

3. 슈퍼맨이었던 나

4. 거울 속의 나

5. 김준오, 넌 누구냐?

 프로이트로 돌아가자! ― 자크 라캉

1 거울아, 거울아, 이 세상에서 누가 제일 예쁘니?

혜인이는 현관 벽에 걸린 전신 거울 앞에 서서 대사를 외웠다. 오늘은 혜인이가 태어나 무대 위에 처음 서는 날이다. 혜인이는 대본을 받아 온 몇 달 전부터 연극이 있는 오늘 아침까지 손에서 대본을 떨어뜨리지 않았다. 밥 먹을 때도, 화장실 갈 때도, 텔레비전 볼 때도, 잠을 잘 때도 혜인이의 손에는 항상 대본이 들려 있었다. 혜인이 꿈이 탤런트라서 그런가? 정말 열심히 대사를 외웠다.

"거울아, 거울아. 이 세상에서 누가 제일 예쁘니? 아니야, 아니야. 이건 못된 왕비의 목소리가 아니야. 목소리가 너무 착하게 들리잖아."

혜인이는 거울을 보고 고개를 절레절레 흔들었다. 나는 혜인이를 보고 쯧쯧 혀를 찼다. 혜인이는 무슨 일을 하든 항상 완벽하게 하려고 애썼다. 하지만 내 눈에는 그런 모습이 안쓰럽게 보였다. 빈틈없는 여자는 전혀 매력이 없었다. 하긴 나에게 매력적인 여자는 이수진밖에 없지만. 히히히.

"형, 왜 웃어?"

민오는 나를 보고 고개를 갸우뚱거렸다. 나는 깜짝 놀라 민오를 보았다. 수진이를 생각하니 웃음이 절로 나왔다.

수진이는 유치원 때부터 내 친구였다. 수진이는 공부를 잘했다. 그리고 성격도 아주 활달하고 적극적이어서 옆에는 늘 친구들이 모여 있었다. 소극적인 나는 그런 수진이의 모습이 부러웠다. 게다가 수진이는 운동도 잘했다. 특히 태권도. 나도 태권도를 배우면 조금이라도 지금보다 적극적인 성격이 될까? 나도 수진이처럼 적극적인 사람이 되고 싶었다. 올해는 기필코 수진이가 다니는 도장에 다니자!

"엄마! 나 결심했어! 올해는 꼭 태권도장에 다닐래!"

나는 부엌에서 음식 준비를 하는 엄마를 향해 소리쳤다.

"알았어. 작년처럼 기합소리에 놀라서 도망치지나 마."

엄마의 말에 고개가 숙여졌다. 사실 작년에 나는 수진이가 다니는 도장에 갔다가 기합소리에 놀라 바로 나온 일이 있었다. 그때를 생각하자 몸이 움츠러들었다.

"혜인마마, 이제 거울은 그만 찾고 식사나 하시지요. 도련님도어서 식사하세요."

엄마가 혜인이를 불렀다. 혜인이는 현관에서 식탁 의자에 앉을 때까지 "거울아"를 외치며 계속 돌아다녔다. 삼촌이 양손에 책을 잔뜩 들고 나오다 문지방에 걸려 넘어졌다. 그걸 본 민오가 "히히" 웃었다. 삼촌은 잘 넘어지고 잘 미끄러졌다. 삼촌은 엉거주춤앉아 책을 주웠다.

"삼촌, 이게 다 무슨 책이야?"

"내가 요즘 공부하는 철학자 이야기 책이야. '라캉'이라고."

"라캉이라고 말하면 내가 누군지 알겠어?"

우리 집 식구 중에 삼촌만큼 생각을 많이 하는 사람은 없었다. 왜 그렇게 생각을 많이 하는 공부를 하는지 모르겠다. 삼촌이 보는 책을 잠깐 들여다본 적이 있었는데 차라리 내가 하는 수학이 훨씬 쉬워 보였다.

혜인이는 들고 있던 숟가락을 사뿐히 내려놓았다. 그리고 주머니에서 손거울을 조심스럽게 꺼내 얼굴을 요리조리 보았다. 아무리 생각해도 혜인마마는 거울을 참으로 사랑한다. 이것도 탤런트가 되기 위한 필수 조건인가? 무슨 일곱 살짜리가 그렇게 외모에 신경을 많이 쓰는지 모르겠다. 엄마, 아빠도 거울은 잘 안 보던데 혜인이는 도대체 누구를 닮은 거야? 나는 손거울 속 자신의 모습에 빠져 있는 혜인이를 불쌍하게 쳐다보았다.

"예쁘지도 않은 게."

나는 오징어채 볶음을 질겅질겅 씹으며 말했다.

"맞아."

민오도 내 말에 고개를 끄덕였다. 하지만 혜인이는 우리가 하는 말에 아랑곳하지 않고 손거울만 바라보며 "혜인이가 제일 예뻐" 같은 말들을 중얼거렸다. 나는 어이가 없어 혜인이를 바라보았다. 예쁜 게 뭔지도 모르면서. 내 머릿속에 한 갈래로 묶은 머리를 찰랑거리며 뛰어가는 수진이가 지나갔다.

저녁 일곱 시에 우리 식구는 혜인이가 다니는 유치원 앞으로 모였다. 유치원 입구에 장식된 거대한 풍선들이 봄바람에 나풀거리며 춤을 추고 있었다. 강당 무대에는 '제12회 햇빛 연극제'라고 쓰여 있었다. 헹. 유치원생들이 연극을 하면 얼마나 하겠어. 우리 식구는 혜인이가 잘 보이는 곳에 자리를 잡고 앉았다.

연극이 시작되자 무대 위 커튼이 열렸다. 무대는 예쁜 공주방처럼 꾸며져 있었다. 무대 오른쪽에 있는 작은 침대에서 아기 울음소리가 났다. 왼쪽 벽에는 혜인이가 몇 달 동안 불러대던 커다란 거울이 걸려 있었다. 혜인이가 무서운 표정으로 아기를 숲 속에 버리라고 사냥꾼에게 명령했다. 혜인이는 정말 못된 왕비 같았다.

"하하하하. 이제 백설 공주는 없어! 거울아, 거울아, 이 세상에서 누가 제일 예쁘지?"

'거울아'를 외치는 혜인이는 아주 표독스런 왕비가 되어 있었다.

"왕비님입니다."

요술거울의 말에 혜인왕비가 무대 위를 빙글빙글 돌며 자지러지게 웃어댔다. 오, 혜인이 제법 잘하네. 난 혜인이의 행동 하나하나에 절로 감탄했다.

혜인이 모습에 놀란 것은 우리 식구뿐만이 아니었다. 연극을 보

는 사람들 모두 혜인이의 연기력에 한마디씩 수군거렸다. 혜인이는 탤런트가 되고 싶다는 꿈에 한발을 내디딘 것 같았다.

나는 탤런트가 허황된 꿈이라고 하던 아빠와 엄마의 표정을 유심히 살폈다. 아빠와 엄마도 혜인이의 연기에 점점 빠져드는 것 같았다.

"혜인이를 보니 완전히 거울에 빠진 왕비 같아. 혜인이는 혹시 전생에 수선화가 아니었을까?"

넋을 놓고 혜인이 연극을 보던 삼촌이 한마디했다.

"수선화? 왜?"

내가 물었다.

"혜인이는 매일 거울에 빠져 살잖아. '나르키소스'라고 아니?"

삼촌이 혜인이의 연기를 보며 말했다.

"나르키소스? 그게 뭐야?"

"쉿!"

엄마가 조용히 하라고 주의를 주어서 우린 입을 꾹 다물었다.

혜인이는 연극이 끝날 때까지 대사 한마디 틀리지 않고 왕비 역을 훌륭히 마쳤다. 연극이 끝나고 유치원 원장 선생님이 '오늘의 최고상'을 발표했다. 연극에 참여한 아이의 부모들은 원장 선생님의 입을 바라보며 눈빛을 반짝였다.

"오늘의 최고상은……."

사람들이 자기 아이의 이름을 부르며 웅성거렸다.

"김혜인!"

유치원 원장 선생님이 환하게 웃으며 혜인이를 불렀다.

"와! 김혜인 만세!"

우리 식구는 자리에서 벌떡 일어나 마구 박수를 쳤다. 강당 안은 우레와 같은 박수 소리로 가득했다.

"와아, 김혜인! 잘했다!"

저쪽에서 누군가 혜인이 이름을 크게 불렀다. 우리는 소리 나는 쪽을 쳐다보았다.

수진이!

수진이가 팔을 높이 들고 혜인이 이름을 부르며 박수를 치고 있었다. 수진이는 나와 눈이 마주치자 찡끗 윙크를 했다. 갑작스런 수진이의 행동에 나는 얼굴이 빨개지고 가슴이 콩닥콩닥 뛰었다. 아, 맞다. 수진이 동생도 혜인이랑 같이 연극한다고 했었지.

혜인이가 자리에서 천천히 일어났다. 혜인이가 치마를 두 손으로 살짝 들고 무대 위로 올라갔다. 혜인이는 마치 연기대상을 받는 아역 배우 같았다. 오늘처럼 혜인이가 예뻐 보이기는 처음이었다. 내가 혜인이 오빠라는 사실에 어깨가 으쓱할 정도였다.

우리는 축하인사를 받으며 유치원을 나왔다.

"김준오!"

뒤를 돌아보니 수진이가 뛰어오고 있었다.

"혜인이 진짜 연기 잘 하더라. 축하해, 혜인아!"

수진이가 웃으면서 혜인이를 칭찬해 주었다. 학교에서도 수진이를 보고 이렇게 밖에서도 또 보고 참 좋았다. 나는 수진이를 보며 싱글거렸다.

"참, 준오야. 영철이한테 연락 왔니?"

영철이? 영철이의 이름을 듣는 순간 좋던 기분이 하늘로 확 날아가 버렸다.

"한국에 온다고 했는데 언제 오는지를 못 들었거든. 너한테는 했니?"

한숨이 나왔다. 너한테 안 한 애길 나한테는 하겠니? 영철이, 영철이, 영철이……. 수진이는 하루라도 영철이 이름을 부르지 않으면 입 안에 가시가 돋나 보았다. 눈엣가시 같던 영철이가 4년 동안 보이지 않아 살 만한가 했는데 한국에 온다니.

나는 주먹을 꽉 쥐었다. 영철이가 못 오게 하는 방법이 없을까? 엄마는 영철이 엄마랑 친하니까 영철이 한국에 보내지 말게 해 달라고 부탁할까? 아니면 영철이한테 직접 메일을 보낼까? 한국에 있으면 놀 시간도 없이 공부만 죽어라 해야 하니 와 봤자 좋을 게 하나도 없다고.

하지만 이미 내 머릿속에는 영철이가 신나게 웃으며 활개를 치고 있었다. 거기에 수진이까지 나타나 영철이와 손을 맞잡고 깔깔거렸다.

'으하하하하!'

'오호호호호!'

나는 두 손으로 머리카락을 움켜쥐었다. 안 돼. 안 돼. 영철이가 오면 안 돼! 나는 기분이 엉망인 채로 수진이와 헤어졌다.

2 수선화야, 수선화야

집으로 돌아와서도 기분이 쉽게 풀리지는 않았다. 하지만 오공이의 생일 파티를 위해 꾹 참기로 했다.

나는 영철이 생각을 저버리기 위해 별것도 아닌 일에 더 많이 웃고 크게 떠들었다. 식구들은 나를 이상하게 쳐다보았지만 나는 아랑곳하지 않았다.

나는 엄마가 시키지도 않았는데 부엌으로 들어갔다. 그리고 식탁 위에 오공이가 좋아하는 사과, 바나나, 귤, 포도 등의 과일로

한 상을 차렸다. 식탁이 먹음직스런 과일로 잔뜩 차려지자 오공이가 놀이용 나무에서 잽싸게 내려와 식탁 위로 올라왔다. 혜인이가 파티용 모자를 오공이 머리에 씌웠다. 작고 앙증맞은 고깔모자를 쓴 오공이는 정말 귀여웠다.

혜인이가 오공이를 안고 식탁에 앉았다. 그리고 엄마가 촛불을 켠 케이크를 들고 방에서 나왔다.

"생일 축하합니다, 생일 축하합니다, 사랑하는 오공이, 생일 축하합니다."

우리는 오공이에게 축하 노래를 불러 주고 함께 후욱, 촛불을 껐다.

"오공아, 생일 축하해! 쪽!"

민오가 오공이 빰에 뽀뽀를 했다. 나는 오공이에게 예쁘게 포장한 해바라기 씨와 귀뚜라미가 담긴 상자를 주었다.

"오공아, 아프지 말고 오래오래 우리랑 재밌게 살자."

아빠가 오공이에게 귀뚜라미 한 마리를 주었다. 오공이는 귀뚜라미를 잽싸게 받아먹었다. 나는 오공이를 처음 본 날이 떠올랐다.

오공이는 나무를 잘 타는 다람쥐원숭이였다. 처음 오공이를 발견한 건 혜인이었다. 태어난 지 6개월 정도밖에 되지 않은 원숭이가 쓰레기봉투에 담겨 있던 걸 혜인이가 동물병원으로 조심스레 들고 왔다. 다람쥐원숭이는 원래 작긴 하지만 6개월밖에 안 된 오공이는 겨우 엄마 손바닥만 한 크기였다. 아빠 엄마가 열심히 치료를 해서 오공이는 간신히 목숨을 건졌다.

지금은 그때에 비해 많이 건강해졌지만 오른팔이 없는 오공이는 여전히 다른 다람쥐원숭이보다 작았다. 혜인이가 아니었다면 오공인 추위를 견디지 못하고…… 으으! 생각만 해도 끔찍했다. 다친 동물을 치료도 안 한 채 버린 그 사람은 분명 어딘가에서 벌을 받고 있을 것이다!

오공이가 우리 집에 온 무렵은 민오가 막 걷기 시작할 때였다. 둘 다 아기라서 그랬는지, 오공이는 금세 민오의 둘도 없는 친구가 되었다. 민오와 오공인 둘 다 우유병을 빨았고 먹는 것도 비슷했다. 하는 짓을 보면 누가 원숭이이고 누가 사람인지 구분이 안 되었다. 그 정도로 민오와 오공이는 늘 붙어 다녔다. 오공이는 마치 자신을 사람으로 착각하는 것 같았다.

하긴 잠 잘 때도 베개나 이불을 쓰고, 밥도 민오랑 나란히 앉아서 먹고, 목욕도 같이 하고. 아마 내가 오공이었어도 사람으로 착

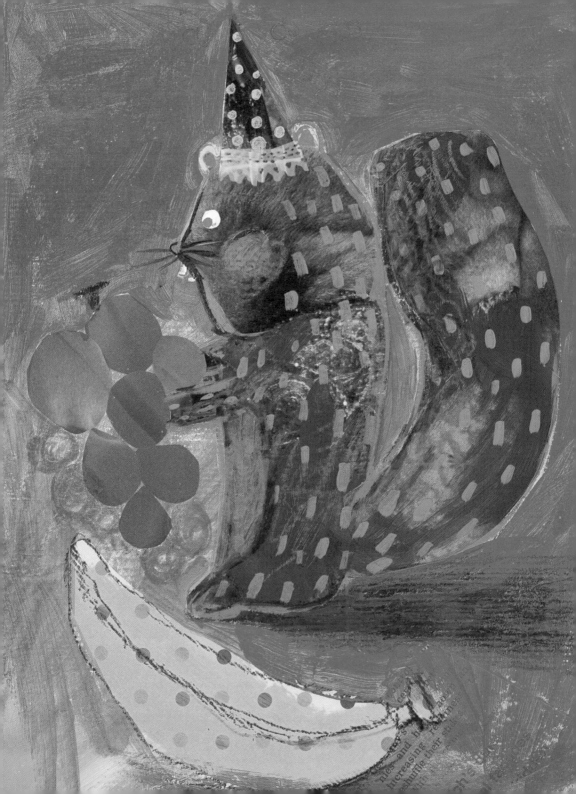

각할 것 같았다.

호박고구마를 아그작아그작 씹어 먹는 오공이는 영락없는 사람이었다.

"김민오! 내 거울 내놔!"

혜인이가 갑자기 소리치는 바람에 우리는 깜짝 놀랐다. 상황을 보니, 민오가 잠깐 혜인이 거울을 본 것뿐인데 마치 큰일이나 난 것처럼 혜인이가 호들갑을 떨고 있었다.

"틀림없어. 혜인이는 전생에 수선화였어. 천하의 나르키소스도 혜인이보다는 못할 거야. 김혜인, 이제부터 너를 수선화로 임명합니다."

삼촌이 목소리를 낮게 깔고 말했다. 우리는 삼촌의 말에 의아해하며 삼촌을 쳐다보았다.

"수선화? 그거 예쁜 거야?"

혜인이가 손거울을 보며 말했다.

"맞다, 삼촌. 나르키…… 유치원에서도 그 말했잖아? 그게 뭐랬지?"

내가 물었다.

"그리스 신화 이야기야."

"신화?"

난 눈이 초롱초롱해져서 삼촌에게 가까이 다가갔다.

"옛날에 나르키소스라는 아주 아름답게 생긴 소년이 있었어. 그 모습이 어찌나 아름다웠던지 모든 이들이 그를 사랑했지. 하지만 그 소년은 다른 사람들이 아무리 사랑을 고백해도 거들떠보지 않았어. 그러다 어느 날 샘물에 비친 자신의 모습을 보았지. 그 모습이 자기인 줄 모르고 참으로 아름다워서 바라보고 또 바라보다가, 결국 물에 빠져 죽었단다."

삼촌이 오공이의 과일들을 야금야금 먹으면서 말했다.

"나르키소스가 빠져 죽은 샘 옆에 수선화란 꽃이 피었어. 그래서 수선화를 나르키소스라고 부르지. 그리고 지나치게 자신만 좋아하는 것을 나르시시즘이라고 해. 나르키소스 같은 생각이라 해서 나르시시즘."

삼촌이 말했다.

"그럼 혜인이가 나르시시즘이야? 그거 나쁜 거야?"

내가 물었다.

"누구에게나 나르시시즘은 다 있어. 나를 사랑하는 건 좋은 거지. 하지만 어른이 돼서도 거울에만 빠져 있다면 문제가 있지. 어린 아이들이 거울을 유난히 좋아하는 건, 거울을 통해 처음으로 자신을 발견하는 때라서 그래. 준오, 너도 어렸을 적엔 거울 엄청 좋아했어. 기억 안 나?"

엄마가 혜인이의 머리를 만져 주며 말했다.

"내가 거울을? 말도 안 돼."

나는 고개를 절레절레 흔들었다. 나는 민오를 보았다. 민오도 거울을 좋아할까? 생각해보니 민오도 거울 앞에서 종종 노는 것 같았다. 거울 속의 자신과 대화를 하는 것 같다고나 할까?

"자신이 어떤 사람인지 정확하게 보는 건 정말 중요해. 자신을 사랑할 줄 알아야 남도 사랑할 줄 아는 거야."

아빠가 우리를 바라보며 말했다.

"거울을 보면 내가 어떤 사람인지 정확히 볼 수 있나?"

나는 손거울을 삼촌 얼굴에 들이밀었다. 그러자 삼촌이 눈살을 찌푸리며 바로 손거울을 식탁에 덮어놓았다. 나는 삼촌의 행동을 보며 키득거렸다.

"난 거울 안 봐도 내가 어떻게 생겼는지 알아. 아기 때나 자기가 어떻게 생겼는지 모르는 거야."

삼촌이 말했다.

"아기는 자기가 어떻게 생겼는지 몰라?"

"아기는 거울을 보기 전에 자신의 몸을 조각난 것처럼 생각해."

"조각? 애들 눈에는 자신 모습이 조각조각 보여? 아기들은 눈이 잠자리처럼 돼 있나? 신기하네."

"그게 아니라, 왼쪽을 보면 왼팔이 보이고, 오른쪽을 보면 오른팔이 보이지. 그런 것처럼 따로따로 생각하다가, 거울을 보면서 하나로 돼 있는 전체 몸을 보는 거지. 그게 라캉이 말하는 '거울단계'야."

아하, 뭔가 했더니 라캉이랑 관련된 얘기였군. 얼마 전에 라캉을 공부하고 있다더니.

삼촌은 누군가에게 빠져 있으면 자신이 마치 그 사람인 양 말을 하는 버릇이 있었다. 이럴 때 삼촌을 어떻게 대해야 하는지 나는 잘 알고 있었다.

"거울단계가 뭐야?"

이렇게 가르침을 구해야 하는 법. 배우고자 하는 제자가 있어야 삼촌 기가 팍팍 살기 때문이다.

3 슈퍼맨이었던 나

"아기 때는 나와 남을 구별할 줄 몰라."

삼촌이 거실에서 놀고 있는 오공이와 민오를 손가락으로 슝슝 가리키며 말했다.

"응? 그건 무슨 말이야?"

"유아기나 아동기 때는 사람이든 물건이든 내가 좋아하는 것을 나와 같다고 믿을 때가 있어. 그걸 '동일화'라고 하는데, 그렇게 믿음으로써 마음의 안정을 찾는 거지."

"끼, 끽, 끽끽."

그때 갑자기 오공이가 소리를 지르며 내 어깨 위로 펄쩍 뛰어올랐다.

"파워레인저, 빨리 출동해라. 예! 나는 파워레인저!"

민오가 소리를 지르며 오공이에게 덤볐다. 그러자 오공이가 내 머리 꼭대기로 올라가 끽끽거렸다.

"빨리 괴물을 내려놓아라!"

민오가 오공이를 내려놓으라고 으름장을 놓았다. 하지만 오공이는 내 머리카락을 꽉 움켜잡고 내려오지 않았다.

"이 나쁜 괴물아, 나는 파워레인저다! 나의 칼을 받아라!"

민오가 파리채를 휘둘렀다.

"아, 정신없어! 오공이가 무서워하잖아. 그만해. 네가 무슨 파워레인저냐?"

"준오 너 개구리 올챙이 적 생각 못한다고. 너도 예전에 슈퍼맨이라고 뛰어다녔어."

아빠가 웃으며 말했다.

"저 때는 상상의 세계에서 사는 거야. '상상계'라고나 할까?"

삼촌이 민오가 노는 모습을 보며 말했다. 민오가 슝슝 소리를 내며 파리채를 계속 휘둘렀다. 나는 벌떡 일어나 파리채를 확 낚아챘다.

"내 칼 줘! 내 칼이야!"

민오가 잡고 있던 손잡이를 세게 잡아당겼다. 민오는 계속 파리채를 잡아당기며 내놓으라고 발을 동동 굴렀다. 민오의 성화에 할수 없이 나는 잡고 있던 부분을 놓고 말았다. 그런데 그만 민오가 엉덩방아를 찧고 말았다. 그리고 내가 잡았던 부분이 민오의 이마를 거세게 때리고 말았다.

"엄마! 으아앙! 형이 때렸어!"

민오가 시끄럽게 울기 시작했다.

"내가 언제 때렸어? 네가 놔 달라며."

엄마가 약을 들고 왔다.

"조심해야지. 그렇다고 놓으면 다치잖아. 큰일 날 뻔했네."

엄마가 나무라며 민오의 부풀어 오른 이마에 약을 발랐다.

빨개진 민오의 이마를 보니 조금 미안한 생각이 들었다. 민오는 여전히 엄마의 품에 안겨 훌쩍이고 있었다. 민오의 상처를 보니 내 이마에 있는 상처가 생각났다. 나는 이마를 쓱쓱 문지르며 상처가 났던 날을 떠올렸다.

슈퍼맨 흉내를 내며 보자기를 두르고 뛰어다니던 때가 있었다. 영철이가 스파이더맨 옷을 입고 다녔기 때문이다.

"난 벽도 탈 수 있어."

"그럼 난 날 수도 있어."

내가 날 수 있다고 우겼던 건 수진이가 보고 있었기 때문이다. 영철이가 먼저 벽을 탔어야 했는데 멍청하게 내가 먼저 2층 베란다에서 뛰어내리고 말았다. 아무리 좋아하는 애가 앞에 있다고 해도 그렇지, 어떻게 베란다에서 뛰어내릴 생각을 했는지.

다행히 나의 영웅놀이는 이마에 상처를 남기고 끝이 났다.

내 성격이 소극적으로 변한 것은 이마에 상처가 나면서부터였다. 영철이만 없었어도 그런 일은 생기지 않았을 텐데. 아무튼 영철이는 인생에 도움이 안 되는 녀석이었다.

"파워레인저, 살려 주세요!"

혜인이가 블록으로 만든 집에서 바비 인형을 흔들며 소리쳤다.

"기다려라. 나는 파워레인저다!"

그러자 엄마 품에 있던 민오가 언제 다쳤냐는 듯 벌떡 일어나 혜인이에게 달려갔다. 그리고 주변에 있던 용 인형을 소파 위로 던져 버렸다. 민오는 다친 것도 잊고 혜인이와 깔깔거리며 신나게 놀았다.

"아기는 엄마가 보여주는 거울을 통해서 처음으로 자신의 모습을 보지. 그런데 그때 자기 모습을 보고 '이게 나야'라고 생각하는 게 아니라, 거울 속에 비친 엄마의 모습을 자기라고 생각해."

삼촌이 민오를 보고 웃으며 말했다. 민오는 여전히 파워레인저를 외치며 거실을 뛰어다녔다.

"왜 엄마를 자기라고 생각해? 완전 다른데."

나는 눈을 깜빡이며 궁금증 가득한 표정으로 삼촌을 보았다.

"한마디로 그것도 동일화 과정이야. 아기는 자신이 엄마보다 완전하지 못하다는 걸 알거든. 그러니까 나보다 완전한 사람을 나라고 생각하는 거지. 그럼 마음의 안정이 되니까."

삼촌이 가슴을 툭툭 치면서 말했다.

4 거울 속의 나

"준오는 이제 커서 옛날에 있었던 일은 하나도 기억 안 나지?"

엄마가 내 앞에 앉아 상처를 가렸던 앞머리를 들춰 보며 씩 웃었다. 그리고 내가 민오보다 더 어렸을 적 이야기를 해 주시기 시작했다.

엄마는 아기 준오를 안고 전신 거울 앞에 섰다.

"보여? 이게 거울이야, 준오야."

엄마는 아기 준오의 손을 거울에 갖다 댔다. 아기 준오는 딱딱한 거울의 표면을 더듬었다. 아기 준오는 거울 속 자신을 보고 얼굴을 찡그려 보았다. 거울 속 아기 준오도 얼굴을 찡그렸다.

"이게 준오야. 여기 준오 얼굴이 있네? 이게 눈, 이게 코, 이게 입, 이게 귀네. 엄마랑 닮았다. 그렇지?"

엄마는 거울에 비친 아기 준오의 눈, 코, 입, 귀를 손가락으로 하나씩 짚어 주며 말했다.

거울을 본 다음부터 아기 준오는 혼자 놀다가도 거울 앞으로 기어갔다. 아기 준오는 거울 속에 비친 모습을 혀로 핥아도 보고 냄새도 맡아 보았다. 때로는 거울에 기대어 거울 속의 자신을 뚫어지게 보았다. 거울 속 모습은 아기 준오가 하는 대로 똑같이 따라 했다.

이윽고 아기 준오는 눈, 코, 입, 귀, 목, 배, 팔, 다리가 하나로 붙어 이어져 있다는 사실을 깨달았다.

'꺅! 이게 나야! 그렇지, 엄마?'

아기 준오는 거울 속 자신을 보고 환하게 웃으며 소리를 질렀다. 그리고 거울 표면을 딱딱 두드렸다.

"그래, 준오야. 이게 너야."

뒤에 서 있던 엄마가 말했다.

'악! 이게 나구나. 내가 이렇게 생겼구나.'

아기 준오는 엄마를 올려다보았다.

"엄마랑 준오랑 똑같이 생겼지? 엄마 머리, 준오 머리. 엄마 팔, 준오 팔. 엄마 다리, 준오 다리."

아기 준오는 엄마 말대로 거울 속의 자신과 엄마를 번갈아 보며 하나씩 맞추어 보았다. 아기 준오는 거울 속의 엄마를 보며 좋아서 캭캭 신나게 소리를 질렀다.

그 후로 아기 준오는 엄마의 모습을 유심히 관찰했다. 그리고 자신과 엄마의 모습을 확인하고 또 확인했다. 무엇이든지 잘하는 엄마. 그런 엄마가 나라고 생각하니 마냥 좋았다. 그래서 아기 준오는 엄마만 보면 웃어댔다. 까르륵, 까르륵.

"우리 준오는 엄마가 그렇게 좋아?"

아기 준오가 옷을 갈아입고 있는 엄마를 보고 있을 때 아빠가 나타났다. 아빠는 아기 준오를 번쩍 안아 올렸다. 아기 준오는 아빠 품에서 빠져나가려고 몸을 버둥거렸다.

"옷 갈아입을 때 쳐다보면 엄마 부끄럽잖아. 밖으로 나가서 아빠랑 놀자."

아빠가 아기 준오를 번쩍 안고 방에서 나갔다.

'싫어! 싫어! 엄마 더 볼 거야!'

아기 준오는 아빠가 엄마를 빼앗았다고 생각했다.

"으앙!"

아기 준오는 있는 힘을 다해 울었다.

5 김준오, 넌 누구냐?

난 내가 정말 그랬는지 기억이 안 났다.

"그때 준오는 엄마랑 떨어지면 무슨 큰일이라도 난 것처럼 울어 댔지. 어찌나 잘 울었는지 몰라. 너희들 셋 중에 가장 많이 울었을 거야."

아빠가 나를 보며 말했다. 내가 울보였다니 믿을 수 없었다.

"혹시 내가 기억 못 한다고 막 지어내는 거 아니야?"

내가 예리한 눈빛으로 묻자 아빠 엄마는 단호하게 고개를 흔들었다.

"절대 아니야."

"왜 아기들은 거울을 보고 그렇게 좋아하지?"

내 물음에 삼촌이 기다렸다는 듯 설명하기 시작했다.

"생각해 봐. 조각난 줄 알았던 몸이 알고 봤더니 하나의 덩어리 인데, 신대륙 발견만큼이나 아기에게는 엄청난 일이지. 거울을 통 해서 전체인 나를 보기 시작한 거야. 마치 새로운 세계가 열린 기 분이지. 그래서 자꾸 거울을 보게 되는 거야."

삼촌이 계속해서 말했다.

"이제 자신의 모습을 알게 됐으니 얼마나 좋겠니? 그게 '나'를 알아가는 첫발걸음이겠지. 좀 어려운 말로 자아를 인식하기 시작 하는 단계. 그게 바로 거울단계야."

삼촌이 식탁 위에 있는 손거울을 들어 나를 비추었다. 나를 알 아가는 첫 단계라. 멋진데! 자신을 알아가는 단계가 아기에게서 부터 출발하고 있다는 사실이 정말 신대륙의 발견처럼 놀라웠다.

"준오야, 넌 누구야?"

삼촌이 엉뚱한 질문을 했다.

"내가 누구냐니? 나는 김준오지. 그러는 삼촌은?"

나는 멀뚱멀뚱 삼촌을 바라보았다.

"글쎄, 나는 누굴까? 완전하지 않은 인간?"

"삼촌 같은 어른이 완전하지 않다고?"

"세상에 완전한 인간이 어디 있겠니."

이번엔 아빠가 말했다. 어라? 아빠까지?

"사실 아기는 자신이 완전하지 않다는 것을 알아. 그렇기 때문에 자기 눈에 완전하게 비친 엄마의 모습을 보면서, 그게 자기라고 생각하고 싶은 거야. 간절히 바라면 이뤄지잖아. 결국 아기는 엄마를 보고 자라면서 점점 인간의 모습을 갖춰 나가지."

삼촌이 자세히 설명해 주었다. 이야, 그 어린 아기들이 어떻게 자기가 완전하지 못한 걸 알고, 또 자기보다 완전한 사람을 닮고 싶다고 생각할 수 있을까?

"아기가 거울을 통해 자신을 보았다고 해서 진정한 나를 본 건 아니야. 그건 말을 시작하면서부터 가능한 일이야. 다시 말해 자신의 생각을 말이나 글로 표현하지 못하면 진정한 나를 만들 수 없어."

삼촌이 말했다.

"말을 하지 못하면 나를 알지 못하나? 그럼 말 못하는 동물은 자아가 없어?"

"자신을 알아가는 동물은 인간밖에 없어."

나는 오공이를 보았다. 오공이에게는 정말 자아가 없을까? 오공이는 자신을 뭐라고 생각할까?

나는 종종 민오의 행동을 따라하는 오공이를 보았다. 가끔은 오공이도 가만히 앉아서 생각을 하는 것 같은데, 오공이는 자신을 인간으로 알까 동물로 알까?

"오공인 어때?"

나는 민오와 장난치는 오공이를 번쩍 안았다.

"오공이도 마찬가지야."

오공이가 나와 다른 종족이란 사실에 난 조금 슬퍼졌다. 오공이는 자신의 진짜 가족도 모른 채 스스로를 인간이라고 착각하고 있는지도 몰랐다. 오공이가 진짜 가족을 만나면 어떨까?

난 문득 좋은 생각이 떠올랐다.

"아빠, 동물원으로 가족 나들이 가는 게 어때요?"

"동물원, 동물원? 사자랑 호랑이도 볼 수 있어?"

민오가 내 앞으로 달려왔다. 나는 고개를 끄덕였다.

"동물원 가고 싶다!"

민오가 아빠를 바라보며 소리쳤다.

"녀석들, 병원에서 동물 실컷 보면서 또 보고 싶어?"

"그 동물이랑 그 동물은 다르잖아."

"그래, 좋아. 이번 나들이는 동물원이다!"

아빠가 환하게 웃으며 말하자 혜인이와 민오가 박수를 치며 펄쩍펄쩍 뛰었다. 왜 지금까지 오공이를 데리고 동물원에 갈 생각을 안 했을까? 나는 오공이를 바라보며 텔레파시를 보냈다. 오공아, 네 친구들을 만나게 해 줄게. 나는 오공이를 꼬옥 끌어안았다.

나는 잠자리에 들기 전 거울 앞에 섰다. 내 뒤에서 거울 속의 나를 바라보고 있는 삼촌과 민오가 보였다. 민오의 빨간 이마가 도드라져 보였다. 나는 민오의 이마를 살살 문질러 주었다.

"미안해, 민오야. 많이 아팠지?"

"형이랑 나랑 닮았다."

민오가 씩 웃으며 내 이마에 난 상처를 가리켰다. 나도 고개를 끄덕이며 거울 속의 민오를 보고 씩 웃었다.

"삼촌, 이제 민오는 말을 하니까 상상계에서 벗어난 거야?"

나는 민오와 거울 앞에 나란히 선 채로 삼촌에게 물었다.

"말을 한다고 상상계에서 벗어나는 건 아니야. 라캉이 말하는 상상계, 상징계, 실재계는 인간의 성장과정 대로 가는 게 아니야. 나이를 먹어도 실생활 속에서 상상계를 많이 경험할 수 있지. 둘 사이에 서로 의존하는 관계나, 한 쪽이 다른 쪽에 맹목적으로 의존하는 관계일 때도 상상계라고 말해."

"엥? 그게 무슨 말이야?"

"예를 들어 엄마와 아기의 관계, 사랑하는 남녀의 관계, 스승이나 지도자에 대한 복종 관계와 같은 거지."

뭐야? 다 나한테 해당되는 거잖아. 아기는 아니지만 난 아직도 엄마한테 의존하잖아. 그리고 수진이와 나의 관계? 사랑…… 하잖아, 내가 수진이를. 흐흐흐. 수진이 생각을 하니 갑자기 얼굴이 빨개졌다. 그리고 선생님과 나의 복종 관계도 그렇고.

뭐야. 아직도 난 상상계 속에 있는 거야?

나는 가끔씩 내가 다 컸다고 생각할 때가 있다. 그런데 아직도 크고 있나 보다. 하긴 삼촌이나 아빠처럼 되려면 아직 멀고도 멀었지. 나의 상상계는 언제쯤 끝이 날까?

거울단계

'거울단계'는 라캉의 텍스트 중에서 가장 빈번하게 선집에 수록되고 인용되는 용어 중 하나입니다. 이 논문은 1968년 마르크스주의 잡지인 《신좌파평론(New Left Review)》에 번역되어 실렸고, 라캉의 사상을 영화 및 문화 연구 분야에 유포시키는 데 결정적인 역할을 합니다.

이 논문을 둘러싸고 일종의 신화적인 분위기가 형성되었는데, 이는 보수적인 체계에 맞서 진실을 위해 투쟁하는 영웅적인 인물이라는 추방자로서의 라캉의 이미지를 구축하는 데 일조하였습니다. 상상계는 프로이트가 사용한 자기도취(나르시시즘)의 개념을 정교화합니다. 라캉은 프로이트의 《나르시시즘의 도입에 관하여》를 높이 평가합니다.

나르시시즘(narcissism)이란 그리스 신화에서 물에 비친 자기 모습에 반해 빠져 죽은 미소년 나르키소스의 이름에서 유래했습니다. 이와 연관하여 독일의 정신과 의사 네케(P. Nacke)가 만든 용어입니다. 프로이트는 이 용어를 정신분석 개념으로 확립하여 리비도(Libido, 성적 충동)가 자기 자신에게 향해진 상태 즉, 자기 자신이 관심의 대상이 되어 있는 상태로 규정했습니다.

나르시시즘 또는 자기애(自己愛)는 자신의 외모, 능력과 같은 어떠한 이유를 들어 지나치게 자기 자신이 뛰어나다고 믿거나 아니면 사랑하는 자기중심성을 말합니다. 대부분 청소년들이 주체성을 형성하는데 거쳐 가는 하나의 과정이기도 하며, 정신분석학에서는 보통 인격적인 장애증상으로 보고 있습니다.

라캉은 상상계의 설명을 위해 거울영상 단계론을 도입합니다. 그는 프로이트의 인간의 자아가 상상적 연관을 통해 이루어진다는 이론을 받아들입니다. 라캉은 자아와 타자 사이의 나르시시즘적인 동일시는 그 나르시시즘 관계에 내재한 공격성 때문에 오래 지속될 수 없다는 점을 강조합니다.

프로이트의 나르시시즘의 이야기와 그 정체는 '거울단계 이론'에서 전개됩니다. 라캉은 우리가 실재한다고 알고 있는 나(자아)는 실제로는

상상의 구조물이라는 사실을 일깨워 줍니다. 이것은 라캉의 유명한 개념인 '거울단계' 와 밀접한 연관성을 맺고 있습니다.

라캉의 거울단계는 간단한 내용이 다음과 같이 소개되고 있습니다. 그것은 라캉이나 그 밖의 다른 정신분석가에 의해서가 아니라 발드윈(J. Baldwin)이라는 한 심리학자가 발견한 내용이었습니다. 즉, 6~18개월 되는 어린 아이가 거울에 비친 자기모습을 보고 환호성을 지르며 반응한다는 것입니다. 이것은 운동기능이 더 발달한 침팬지와 같은 포유동물에서 나타나는 것과는 다른 반응입니다. 그들은 거울에 비친 자신의 상에 큰 관심을 보이지 않고 돌아섭니다.

라캉의 상상계란 이렇듯 동물과 다른 인간이 유아기에 자아가 형성되는 영역입니다. 라캉에 따르면, 어린아이는 처음 자신의 육체를 조각난 것으로 여기다가 거울 속에 비친 자신의 이미지를 다른 생물체라고 생각하고 마지막으로 그것이 자기 자신이라는 사실을 알고 크게 기뻐합니다.

거울 속의 이미지는 자아의 개념에 필수적이고, 그 결과 자아의 개념

속에는 반드시 상상체가 스며들기 마련입니다. 라캉은 발드윈의 연구를 근거로 하여 6~18개월 사이에 구성되는 단계는 곧 거울영상 단계를 갖고 있다고 말합니다.

6~18개월 사이에 어린아이는 거울에 비친 자기의 이미지를 인식하기 시작하는데, 이때 일반적으로 쾌락이 수반됩니다. 거울단계는 라캉이 주체의 발달에 있어서 형성시키는 사건으로 보았습니다. 여기서 주체는 고정된 실체가 아니며, 오직 살아있는 활동을 통해서만 존재한다고 합니다.

하지만 어떤 활동이 우리를 주체로서 만들어 주는 활동일까요? 주체가 된다는 것은 다른 누구도 아닌 바로 나 자신이 되는 일이며, 그런 한도 내에서 나는 나 자신과 관계하는 활동을 통해 주체가 됩니다. 철학자 데카르트나 칸트의 전통에 따르면, 그것이 바로 생각의 활동입니다. 나는 나 자신을 반성적으로 생각하는 활동, 곧 자기의식을 통해 주체가 되는 것입니다.

자기의식 속에서 정신은 일체의 타자적 관계로부터 자기에게 돌아와

자기가 자기를 정립하고 형성합니다. 어린아이가 자신의 이미지를 알아보기 시작하는 6~18개월 사이에 이런 과정이 진행됩니다. 이 사건은 거울 속에서 자신을 바라보는 아이를 통해서 관찰되었고, 심리학자들에 의한 동물의 행동연구에 기반을 두며 정신분석 연구에 기반을 두고 있습니다.

2

상징계

1. 아빠, 미워!

2. 거울놀이

3. 오공이의 탈출

4. 사랑받고 싶어

5. 마음속에 있는 또 하나의 마음

6. '나' 라는 별

 무의식은 언어처럼 구조화되어 있다.　— 자크 라캉

1 아빠, 미워!

오늘은 가족 나들이를 가는 날! 하지만 아침 일찍 나가려던 계획은 엉망이 되고 말았다. 민오가 간밤에 요에 지도를 그렸기 때문이다.

"으앙! 싫어!"

우리 집은 요에 오줌을 싸면 옆집에 소금을 얻으러 가야 하는 전통이 있다. 그래서 민오도 울며불며 가기 싫다고 떼를 쓰고 있었다. 아빠가 주황색 바가지를 민오 머리에 씌웠다. 민오는 울다

지쳐 이젠 불쌍한 눈으로 아빠와 엄마를 번갈아 보았다.

"김민오, 어서 소금 얻어와."

아빠가 말했다. 민오는 입을 앙 다문 채 식탁 옆에 딱 붙어 서서 움직이지 않았다. 민오가 눈물 한 방울을 똑 떨어뜨리면서 엄마를 올려다보았다.

"아빠랑 같이 갔다 오는 거야."

아빠가 엄마 다리에 매달려 있는 민오에게 다가가자 민오는 엄마의 다리를 더욱더 꽉 붙잡았다. 엄마가 민오를 번쩍 안아 올리자 아빠가 엄마 품에 있는 민오를 강제로 안아 들었다.

"싫어! 엄마! 엄마한테 갈 거야!"

엄마와 떨어진 민오는 자지러지게 울어댔다. 그 모습을 보며 삼촌이 아빠에게 핀잔을 주었다.

"형, 너무 그러지 마. 그러다 민오한테 미움만 사. 민오 마음속에선 형이 적일 걸? 어떻게 자연적인 현상을 소금으로 해결하려고 하냐. 그것도 의술을 편다는 사람이."

"싫어, 싫어! 엄마랑 있을 거야."

하지만 아빠는 민오를 안고 현관문을 나섰다. 민오의 울음은 현관 밖에서도 멈추지 않았다. 엄마는 고개를 절레절레 흔들었다.

"가만 보면 형은 정말 구닥다리야. 그래서 어디 의사라고 하겠어? 아무리 아픈 동물 병 고치는 의사라고 해도……. 오줌을 싸고 안 싸고는 인간의 욕구지. 남에게 창피를 당하면 그 욕구가 없어지나? 왜 말도 안 되는 고집을 피우는 거야."

삼촌이 쯧쯧 혀를 차며 신문을 펼쳤다. 나는 삼촌의 말을 듣고 고개를 끄덕였다. 삼촌 말대로 창피를 당하면 오줌을 안 쌀 거라는 아빠의 생각은 잘못됐다. 오히려 아빠에게 화만 날 뿐이었다.

가만. 그런데 오줌을 싸는 게 인간의 욕구라니, 그게 무슨 말인지 모르겠네?

"삼촌, 오줌 싸는 게 왜 인간의 욕구야?"

"먹고 자고 싸는 건 인간의 본능이자 욕구야. 동물이랑 똑같다고 할 수 있지."

"먹고 자고 싸고?"

"저거 봐. 저런 게 욕구야."

삼촌이 해바라기 씨를 먹고 있는 오공이를 가리켰다.

"오공이? 동물한테도 욕구가 있어?"

"욕구는 살아가기 위해 기본적으로 해결되어야 하는 거야. 먹고 자고 싸는 건 인간이나 동물이나 마찬가지지. 혜인이를 봐. 저것도 욕구야."

이번에는 삼촌이 물을 마시는 혜인이를 가리켰다. 아, 그렇구나. 나는 고개를 끄덕였다.

"사람이나 동물이랑 다를 게 없구나."

"욕구로 치면 그렇지."

삼촌이 고개를 끄덕이며 오공이의 해바라기 씨를 하나씩 빼앗아 먹었다.

"삼촌이 오공이 해바라기 씨를 빼앗아 먹는 것도 욕구야?"

나는 삼촌을 째려보며 물었다. 삼촌은 피식 웃으며 나를 보지도 않고 고개를 끄덕였다.

나는 삼촌 손이 닿지 않게 해바라기 씨를 멀리 옮겨 보았다. 삼촌은 눈으로 계속 신문을 보면서 오로지 손의 감각만으로 바닥을 더듬어 해바라기 씨를 찾아냈다. 그러더니 한 움큼 덥석 잡아 입으로 가져갔다. 우걱우걱.

우와, 무섭다. 저 먹이를 향한 강한 욕구! 이러니까 오공이가 삼촌을 싫어하지. 삼촌은 동물이야, 동물. 난 돼지처럼 변한 삼촌 얼굴을 상상해 보았다. 꿀꿀꿀. 킥킥.

현관문이 열리며 입이 잔뜩 나온 민오가 아빠와 들어왔다. 민오는 소금 바가지를 엄마에게 내밀었다. 민오의 눈가는 여전히 촉촉히 젖어 있었다. 소금을 받아 든 엄마는 민오를 꼭 껴안았다.

"다음부터는 자기 전에 꼭 화장실에 가야 한다."

엄마가 부드럽게 말하자 엄마 다리에 꼭 매달렸던 민오가 더 훌쩍이기 시작했다.

"민오야, 뚝! 민오가 오줌 싸서 그런 건데 아빠가 잘못한 것 같잖아."

아빠가 민오를 살살 달래며 말했다.

"아빠 미워!"

민오가 볼멘소리를 뱉으며 엄마를 더욱 세게 안았다. 그걸 본 오공이가 폴짝 뛰어올라 엄마 다리에 매달렸다. 그러자 민오가 오공이를 발로 밀어서 떨어뜨렸다. 오공이가 다시 매달리려고 하자 민오가 계속 발로 밀어내며 저들끼리 실랑이를 벌였다.

"자, 이제 얼른 준비하고 동물원 가자!"

아빠가 짝짝 손뼉을 치며 재촉했다.

2 거울놀이

"오빠! 내 손거울 못 봤어?"

나들이 준비를 마칠 즈음 혜인이가 갑자기 온 방을 뒤지며 손거울을 찾아다녔다.

"엄마, 내 손거울 못 봤어?"

"혜인아, 지금 나가야 하니까 갔다 와서 엄마가 찾아 줄게."

"안 돼, 안 돼. 지금 가지고 가야 돼. 동물원에 가지고 가야 돼."

혜인이가 울먹거리기 시작했다.

"손거울을 어디에 두었는데 그러니. 유치원 가방이나 장난감 상자에서 찾아봐."

"없어, 없어. 엄마가 찾아봐. 으앙!"

혜인이는 울면서 엄마 손을 잡아끌고 여기저기 헤집고 다녔다.

"아니 뭐, 손거울 없어졌다고 우냐?"

나는 고작 손거울 때문에 우는 혜인이가 한심스러웠다.

"분신이 없어졌는데 우는 건 당연하지."

삼촌이 재킷에 붙은 먼지를 탁탁 털며 말했다.

"같이 찾아보자. 빨리 찾아야 빨리 나가지. 김준오, 그렇게 서 있지 말고 혜인이 손거울 찾아."

삼촌이 거실에 있는 장식장 문을 하나하나 열어 보면서 나를 재촉했다. 나는 대충 훑어보며 삼촌 뒤를 설렁설렁 따라다녔다. 손거울이 도대체 뭐라고 온 식구가 다 매달려서 찾아야 하는 거야?

"누나 손거울? 그거 악어가 물고 갔는데."

"푸하!"

민오가 고개를 갸우뚱거리며 천진난만하게 말했다. 나는 뭐 하나만 없어지면 악어가 물고 갔다고 말하는 민오의 대답에 웃고 말았다.

"뭐! 이 바보야! 집에 악어가 어디 있다고 그래! 네가 숨겼지?
빨리 찾아 와!"

"악어가 어디로 물고 갔나……."

민오는 능청스럽게 중얼거리며 악어 인형이 놓여 있던 진열대
에서 손거울을 들고 왔다. 혜인이는 얼굴이 급속도로 밝아지다가
민오를 날카롭게 째려보았다.

"너 한 번만 더 손거울 만지면 혼날 줄 알아!"

"그거 악어가 물고 간 거라니까!"

민오가 소리쳤다.

"됐어, 됐어. 손거울도 찾았고 준비 됐으니 동물원으로 출발!"

아빠가 혜인이를 진정시키며 밖으로 먼저 데리고 나갔다.

나는 오공이에게 자신을 닮은 원숭이 친구들을 보여 줄 생각으
로 기분이 잔뜩 들떴다. 오공이가 분명 좋아하겠지?

봄바람이 벚꽃나무 가지를 살랑살랑 흔들었다. 일요일이라 동
물원에는 사람들이 많았다. 우리는 동물원 입구에서부터 진입로
를 따라 일렬로 서 있는 벚나무 길을 걸었다.

벚나무 길 가운데 서 있으니 세상이 온통 하얀 빛이었다. 마치

눈밭 위에 서 있는 것 같았다. 하얀 색 꽃잎 위로 떨어지는 봄 햇살 때문에 도무지 눈을 뜰 수가 없었다. 탐스러운 꽃들이 마치 눈꽃 같았다. 다음에 수진이랑 꼭 같이 와야지.

오공이는 신기한 듯 주변 풍경을 유심히 살펴보았다. 코를 벌름거리는 오공이의 눈에 반짝반짝 생동감이 넘쳤다. 왜 진작 동물원에 데려 올 생각을 못 했을까? 오공이한테 미안한 생각이 들었다.

"저기 사자가 있어!"

민오가 사자 그림이 그려진 간판 쪽으로 뛰어갔다. 나는 오공이 친구들을 먼저 보여 주고 싶었지만 민오가 사자와 호랑이를 먼저 보러 가자고 엄마를 졸랐다.

"난 오공이 친구들 먼저 보여 주고 싶은데."

내가 오공이 머리를 쓰다듬으며 말했다.

"그럼 내가 준오랑 원숭이 마을에 갔다 올게. 이 광장 시계탑에서 한 시에 만나 점심 먹는 걸로 해."

삼촌이 말했다.

"나도 오공이 친구 볼래."

혜인이가 나와 삼촌 사이에 꼈다. 그리하여 혜인이와 나, 삼촌, 오공이는 원숭이 마을로 향했다.

원숭이 마을 입구 지붕에는 작은 원숭이 모형들이 관람객들을 맞이하고 있었다. 오공이가 지붕 위의 원숭이 모형을 보자 끽끽거리며 내 품으로 파고들었다.

"오공이는 저게 진짜 원숭인 줄 아나 봐."

혜인이가 원숭이 모형을 보며 말했다.

"오공아, 저건 가짜야. 움직이지도 않아."

나는 오공이 머리를 쓰다듬었다.

"오공이 꼭 안아야 해. 다른 원숭이들 보고 놀랄 수도 있어."

삼촌이 내 품에 머리를 폭 박고 있는 오공이를 보고 말했다. 난 오공이 머리를 쓰다듬으며 신나게 외쳤다.

"자, 오공이 친구를 만나러 출발!"

본격적인 원숭이 마을 탐험이 시작되었다.

우리는 원숭이 전시관으로 들어갔다. 유리벽이 설치되어 있어 원숭이를 바로 눈앞에서 볼 수 있었다.

"오공아, 봐. 네 친구들이야."

오랑우탄이 유리벽 바로 앞에 누워 뒹굴뒹굴 몸을 굴리고 있었다. 나는 오공이를 유리벽에 가까이 대 주었다. 오랑우탄이 오공이를 보자 천천히 일어나 긴 손가락으로 유리벽을 툭 쳤다. 오공이가 몸을 부르르 떠는 바람에 나는 다시 오공이를 끌어안았다.

"오랑우탄이 무서운가?"

나는 오공이 몸을 쓰다듬으며 중얼거렸다.

"오공아, 하나도 안 무서워. 자, 봐."

혜인이가 손거울을 꺼내 오랑우탄 한 번, 오공이 한 번 번갈아 가며 거울을 비췄다. 혜인이가 유리벽에 손거울을 갖다 대자 오랑우탄이 손거울을 잡으려고 애를 썼다. 그러더니 갑자기 보라색 긴 혀로 손거울을 댄 유리벽을 쭈우욱 핥았다.

"우왁! 꺄하하! 오랑우탄 정말 재밌다. 내 손거울을 잡고 싶은가 봐!"

혜인이가 깔깔대며 손거울을 유리벽에 대고 왼쪽 오른쪽으로 흔들었다. 오랑우탄도 손을 왼쪽, 오른쪽으로 움직였다.

"거울에 비친 모습이 자신인지 아닌지 알고 싶어서 저러는 것이란다."

삼촌이 말했다.

"거울 속에 있는 모습이 자기인 줄 몰라?"

혜인이가 물었다. 혜인이가 움직이던 손거울을 멈춰 세웠다. 그

러자 오랑우탄은 입도 크게 벌려 보고 혀도 내밀면서 거울 앞에서 장난을 쳤다. 그러다 갑자기 거울 앞에서 하던 몸짓을 뚝 멈추더니 나무로 만든 놀이기구 쪽으로 돌아갔다.

"이리 와, 오랑우탄아."

혜인이가 오랑우탄을 불렀다.

"이제 거울에 비친 모습이 자기란 걸 알았나 보다. 동물들은 거울 속 모습이 자기라는 것을 알고 나면 흥미를 잃어."

삼촌이 오랑우탄을 부르는 혜인이 어깨에 손을 얹었다. 우리는 오랑우탄을 뒤로 하고 원숭이 우리로 발걸음을 옮겼다.

3 오공이의 탈출

"아, 여기야. 다람쥐원숭이 우리. 오공아, 고개 들어 봐. 네 식구 들이야."

나는 오공이를 유리벽에 바짝 대었다. 그러자 유리벽 안쪽에 있던 다람쥐원숭이 두세 마리가 오공이 앞으로 다가왔다. 이번에도 오공이는 몸을 떨었다.

"여기에 오공이 엄마, 아빠가 있는 거야?"

혜인이가 까치발을 하고 우리 안을 살폈다.

"뭐 어쩌면······."

나는 진짜로 이 우리 안에 오공이의 아빠 엄마가 있었으면 좋겠다고 생각했다.

"자신과 똑같은 모습의 원숭이를 보는 오공이의 마음은 과연 어떨까?"

나는 오공이에게 유리 안쪽을 계속 보여 주었다.

"엄마 아빠를 만나는 거니까 좋지 않을까?"

혜인이가 말했다. 하지만 오공이의 모습은 마냥 좋아 보이지가 않았다. 오공이는 몸을 몹시 떨면서 무엇인가를 경계하는 듯 '쉭 쉭' 소리를 냈다.

그때 갑자기 유리 벽 안의 다람쥐원숭이 한 마리가 꿱꿱 소리를 지르며 재빠르게 오공이를 향해 달려왔다. 그리고 유리벽에 탁 부딪쳤다. 그 바람에 나는 깜짝 놀라 오공이를 품에서 놓쳤다. 내 품에서 떨어진 오공이는 통로를 따라 끽끽거리며 잽싸게 뛰어갔다.

"악! 오공아!"

"어떡해! 오공이가 도망갔어! 오빠, 빨리 오공이 잡아!"

"오공아, 거기 서!"

우리는 고래고래 소리를 지르며 오공이를 쫓아 뛰어갔다. 한 팔이 없는데도 어찌나 잽싼지 오공이는 금방 눈앞에서 사라졌다. 우린 통로길만 따라 사정없이 질주하다가 두 갈래로 갈라지는 길목에서 멈추었다.

"오공아! 오공아! 오공아!"

혜인이는 오공이 이름을 부르다 급기야 울음을 터뜨리기 시작했다. 오늘은 왜 이렇게 하루 종일 울음소리만 듣게 되는 거야?

지나가던 사람들이 우리를 쳐다보고 무슨 일인가 물어보았다. 삼촌은 아빠에게 오공이가 도망갔다고 전화했다. 그리고 미아보호소에 연락을 했다. 미아보호소에서는 원숭이가 없어졌다는 말에 깜짝 놀라며 원숭이가 사나우냐, 예방접종은 했느냐 등 이것저것 꼬치꼬치 캐물었다. 나는 오공이를 동물 취급하는 보호소 직원들이 정말 맘에 들지 않았다. 오공이는 엄연히 우리 가족이었다.

보호소에서 엄마, 아빠를 기다리는데 원숭이 사육사 아저씨가 헐레벌떡 우리 앞으로 달려왔다. 사육사 아저씨는 오공이의 생김새부터 물었다.

"다람쥐원숭이에요. 한 30센티미터 정도 되고요, 많이 놀란 상태에요. 아, 그리고 오른팔이 없어요."

삼촌이 오공이에 대해 설명했다.

"실내니까 밖으로 도망가지는 못했을 겁니다. 직원들을 동원해서 찾지요."

사육사 아저씨가 직원들에게 무전을 치며 밖으로 나갔다. 그때 삼촌에게 연락을 받은 엄마, 아빠, 빈오의 모습이 보였다. 빈오는 울면서 보호소 안으로 뛰어 들어왔다.

"오공이 어딨어? 오공이 빨리 내놔! 오공이, 으앙!"

민오는 야수처럼 울부짖었다. 민오의 우는 모습에 잠시 울음을 멈췄던 혜인이도 따라 울었다. 민오와 혜인이가 우는 모습을 보자 나도 코끝이 찡했다. 괜히 친구 만들어 준다고 오공이를 동물원으로 데려온 것 같아 후회스러웠다. 이러다 영영 못 찾으면 어쩌지?

오공아, 빨리 돌아와. 팔도 불편한데 어디서 뭘 하고 있는 거야? 설마 사나운 원숭이 우리로 들어간 건 아니겠지? 머릿속에 오공이가 고릴라 우리 속으로 들어가는 모습이 그려졌다. 오공이의 모습을 발견한 고릴라가 오공이를 집어던지면 어쩌지? 한 팔이 없는 걸 알고 다른 팔마저 물어버리면 어쩌지?

"오공아! 내가 잘못했어."

나도 주저앉아 통곡하기 시작했다. 눈물이 줄줄 흘러나왔다.

띠리링, 띠리링. 전화벨이 울렸다. 순간 민오, 혜인이, 나는 울음을 뚝 그치고 전화 받는 직원만 쳐다보았다.

"네? 네, 알겠습니다."

보호소 직원이 전화를 끊고 안도의 숨을 내쉬었다.

"오공이를 찾아 이리로 데려오는 중이랍니다."

"오공아!"

직원의 말에 민오, 혜인, 나는 목을 놓아 울었다. 엄마, 아빠, 삼촌은 진땀을 빼며 우리를 달랬다.

"아유, 그만 좀 울어! 오공이 찾았다잖아."

"이 녀석들이 단체로 정말 이럴래! 아저씨들 이놈 한다!"

곧 사육사 아저씨의 품에 안겨서 보호소 안으로 들어오는 오공이가 보였다. 우리는 오공이에게 달려갔다. 그런데 오공이가 눈을 감은 채 움직이질 않았다. 왜 움직이질 않지? 설마…… 설마!

"죽, 죽었…… 어요?"

나는 눈물을 글썽이며 아저씨를 보고 물었다.

"오공이 죽었어?"

민오도 훌쩍이며 물었다. 아저씨가 우리를 보고 빙그레 웃었다.

"죽은 게 아니라, 오공이가 하도 불안해서 아저씨가 진정하라고 주사를 놨어. 지금 자고 있는 거야."

아저씨의 말을 들으니 안도의 숨이 나왔다. 나는 오공이의 코 근처에 손가락을 가져가 보았다. 콧바람이 씽씽 나오는 게 숨을 쉬고 있었다. 아, 다행이다, 다행이야!

잠든 오공이 품에 오공이보다 조금 작은 원숭이 인형이 안겨 있었다.

"오공이가 인형 가게에서 이 인형을 꼭 끌어안은 채 떨고 있더라고. 자면서도 놓질 않네?"

아저씨가 오공이 품에서 인형을 빼 보려 했지만 오공이는 놓지 않았다. 아저씨가 자고 있는 오공이를 내 품에 안겨 주었다. 오공이가 코와 입을 씰룩거렸다. 꿈을 꾸는 모양이었다. 나는 오공이의 볼을 내 볼에 살며시 대었다. 오공이 몸이 따뜻했다. 인형을 안은 작은 팔에 힘을 주는 게 느껴졌다.

우리는 사육사 아저씨께 감사하다는 인사를 몇 번씩 하고 원숭이 전시관을 나왔다. 못다 한 동물원 구경은 다음 기회로 미루고 집으로 향했다.

우리 식구는 오공이 침대에 둘러앉아 색색 숨을 쉬며 편하게 자고 있는 오공이를 보았다. 낯선 곳에서 얼마나 춥고 무서웠을까? 오공이가 낑낑거리며 인형 품으로 파고들었다.

"오공인 아마 굉장히 혼란스러웠을 거야."

삼촌이 말했다.

"뭐가?"

내가 삼촌을 보았다.

"지금까지 우리를 가족으로 알고 자기도 우리 같은 인간인 줄 알았는데, 갑자기 자기와 똑같은 원숭이들을 떼거지로 봤으니 혼란스럽지 않았겠어?"

삼촌이 말했다. 삼촌 말이 이렇게 들렸다.

'인간이었던 네가 알고 봤더니 외계인이었는데 혼란스럽지 않았겠어?'

만약 누군가 나에게 그런 말을 했다면 난 진짜 나의 모습을 받아들일 수 있을까? 오공이도 그런 마음이었을까? 내가 괜히 오공이를 혼란스럽게만 한 걸까? 오공이가 이제 우릴 가족으로 생각하지 않으면 어떡하지?

"하지만 우린 오공이를 사랑하니까 오공이도 금세 괜찮아질 것이야."

엄마가 내 어깨에 손을 얹고 다독여 주었다.

"우리 애를 태울 대로 태우고 이렇게 태평하게 잠을 자다니. 오
공이가 사랑받고 있다는 걸 확인받고 싶었나 보다. 이 녀석 찾으
러 하도 뛰어다녔더니 종아리가 다 아프네."

삼촌이 퉁퉁 부은 종아리를 두드리며 말했다.

4 사랑받고 싶어

저녁이 되어 긴장이 완전히 풀리자 온몸에 힘이 쭉 빠졌다. 오공이는 다시 깨어나서 소파 구석에 앉아 혼자 해바라기 씨를 먹고 있었다. 부엌에서는 고소한 밥 짓는 냄새가 풍겨왔다.

나는 만두피처럼 마룻바닥에 눌어붙은 자세로 종아리를 마사지하는 삼촌을 바라보았다. 문득 아까 한 대화가 떠올랐다.

"근데 삼촌, 사랑받는 걸 확인하고 싶어서 도망을 가?"

"응. 애들이 장난감 사 달라고 떼쓸 때 있지? 그것도 부모가 나를 사랑하는지 확인하는 하나의 방법이야."

사랑을 확인한다는 말에 갑자기 수진이 얼굴이 머릿속을 지나갔다.

"아까 혜인이가 울면서 손거울을 찾아 달라고 한 것도 그렇고, 오공이의 탈출 사건도 그런 거지."

"어째서?"

나는 벌떡 일어나 삼촌에게 물었다. 욱! 허벅지가 욱신거렸다.

"그게 다 부모한테 사랑받고 싶은 '욕구'가 손거울을 찾아 달라는 '요구'로 나타난 거야."

"욕구는 먹고 싸고 자는 1차적인 본능이라며?"

"다른 사람에게 사랑받고 싶은 것도 인간의 본능이야. 아이들은 부모가 자신을 사랑하고 있다는 믿음이 있어야 안정된 생활을 할 수 있어. 어디 아이들만 그렇겠니? 어른들도 마찬가지야. 사랑은 원래 확인받고 싶은 거야. 넌 안 그래?"

삼촌이 뭔가를 아는 듯 내 눈을 빤히 쳐다보았다. 난 갑자기 얼굴이 화끈 달아올라서 삼촌의 눈을 피했다. 슬그머니 일어나서 부엌으로 도망갔다.

"배고파? 금방 돼."

저녁 준비를 하는 엄마가 내게 말했다. 막상 부엌에 오니 별로 할 일이 없어 괜히 컵에 물을 따라 방으로 들어와 버렸다.

삼촌은 그냥 물어본 말인데 나는 왜 이렇게 떨리지? 벌컥벌컥 물을 마시다가 방으로 들어오는 삼촌과 눈이 마주쳐 물이 목에 걸렸다.

"으켁켁켁!"

삼촌이 등을 두들겨 주었다. 나는 두어 번 잔기침을 하고서, 삼촌에게 은근슬쩍 물었다.

"삼촌, 있잖아. 사랑받고 싶다는 욕구를 말이야, 손거울을 찾아 달라고 하거나 장난감을 사 달라고 하는 것 말고 또 어떻게 표현할 수 있어?"

삼촌이 피식피식 웃었다.

"그냥 '날 사랑해주세요' 하고 말하면 되지."

아, 그걸 누가 모르나! 그렇게 직접적으로 말하기가 어려우니까 그렇지!

"아니면 사랑받을 짓을 하면 되지."

삼촌은 계속 도움 안 되는 말만 했다. 나는 신경질적으로 2층 침대에 올라가 벌렁 눕고 이불을 툭툭 찼다.

"아니면 러브레터를 보내면 되지."

삼촌, 자기 일 아니라고 정말 쉽게 말한다! 나는 속으로 부득부득 이를 갈았다.

"누가 우리 장조카의 마음을 이리도 어지럽히느뇨?"

"악! 깜짝이야!"

삼촌 얼굴이 내가 누워 있는 2층 침대 위로 불쑥 올라왔다.

"말이란 도구를 왜 사용하지 않느뇨? 삼촌이 봤을 때 좋아하는 여자에게 사랑을 고백하는 건 사회적으로 아무 문제가 없으니 말해도 돼."

"그건 당연한 거 아니야? 사랑 고백하는데 무슨 사회적 문제를 따져?"

"아니지, 아니지."

삼촌이 검지를 세워 좌우로 흔들었다.

"마음에 생기는 욕구들을 남에게 모두 요구할 수는 없어. 엄마를 사랑한다고 엄마랑 결혼하자고 요구할 수 있어?"

"그런 말도 안 되는 짓을 누가 해?"

"그렇지? 요구는 그런 거야. 우리 마음속엔 규율 반장 같은 게 있어서 욕구가 생겼다고 때와 장소 안 가리며 모두 할 수는 없어.

사회적으로 아무 문제가 없는 것을 골라서 요구하는 거지."

그렇다면 난 수진이를 좋아하는 게 사회적 문제를 일으킬까 봐 자꾸 말을 못하고 망설이는 걸까? 하지만 사회적 문제가 아니더라도 이건 시급해. 용철이가 언제 끼어들지 모른단 말이야.

"요구는 이런 역할을 해. 마음에 어떤 욕구가 생기면 그게 사회적으로 문제가 있나 없나 일단 거름망에 거르지. 사회적으로 문제가 없는 욕구는 재빠르게 뇌로 전달돼서, 그 욕구를 요구해도 된다고 인체에게 명령하는 거야."

"이야? 난 인간의 마음에 그런 장치가 있는지 몰랐네."

삼촌은 고개를 끄덕였다.

"김준오, 고민하지 말고 고백할 일 있으면 고백해. 나중에 후회한다."

말했다가 싫다고 하면 어쩌고? 고백하라고 할 거면 거절당했을 때 어떻게 할지 대책도 함께 세워 줘야 할 거 아냐. 수진이와 어색해질 사이며, 소문이라도 나면 친구들에게 받을 놀림이며…….

됐어, 됐어. 삼촌 말 믿고 사회적 물의를 일으키느니, 그냥 지금처럼 잘 지내는 게 낫겠어.

"고민하는 얼굴 같은데, 잘 생각해 봐. 사람이 말을 할 줄 안다는 건 정말 중요한 일이야."

삼촌이 사뭇 진지하게 말했다.

"자신의 생각을 표현할 수 있어야 나를 더 정확히 알고, 나와 다른 타인들도 구별할 수 있지."

"나를 알고 나와 남을 구별하고, 그렇게 해서 뭐해? 우리 선생님이라면 그럴 시간에 시험공부나 한 자 더 하라고 했겠다."

나는 무뚝뚝하게 말했다. 삼촌은 나의 대답을 듣고 그저 웃을 뿐이었다.

"이 녀석아, 주체성이 있어야 공부도 주체적으로 하지."

"주체성?"

"네 주인이 누구냐?"

나는 순간 수진이라고 하려다 황급히 입을 틀어막고 다시 대답했다.

"음음. 내 주인이 나지, 누구야? 그리고 그게 말하는 거랑 무슨 상관이야?"

나는 얼른 다른 질문으로 되받아쳐 화제를 돌렸다.

"말로 규정함으로써 네 머릿속에 있는 생각이 확고해지는 거야. 그게 바로 네 주체성이지. 만약 너에게 주체성이 없다면 네가 누구고, 누굴 사랑하고, 또 무엇을 하고 싶은지 알지 못할 거야. 주체가 바로 서야 네 자신과 널 둘러싸고 있는 일들을 정확히 알 수 있지."

나는 삼촌의 말에 이마를 찌푸렸다. 뭔가 좀 모호한데?

"아기들은 말을 가르쳐 주지 않아도 잘만 하잖아."

"저절로 하는 것 같지만 아니야. 아기도 엄마, 아빠 말을 들으면서 말공부를 하는 거야. 아기가 말을 유창하게 하기 시작하는 건 아빠가 엄마랑 아기가 똑같은 존재가 아니라는 사실을 알려 주면서야."

"아기가 엄마랑 똑같은 존재가 아니란 건 당연한 건데, 그게 뭐 비밀이라도 돼? 아빠가 그 사실을 알려 주게."

삼촌이 책상 위에 어지럽게 놓여 있던 책들을 정리했다. 나는 침대 위에 앉아 삼촌이 책들을 가지런히 정리하는 모습을 지켜보았다.

"당연히 아기한테는 몰랐던 사실이지. 아기는 원래 나와 내가 아닌 것을 구분할 줄 모르는 상태거든. 하지만 거울 속 엄마가 자신이 아니었다는 사실을 알게 되면서 굉장히 큰 혼란을 겪게 돼. 마치 지금까지 숨겨져 왔던 자신의 출생의 비밀을 알게 된 것과 같다고나 할까."

삼촌의 말을 듣고 나니 당장 오공이 생각이 났다. 마음이 답답했다. 삼촌은 책상을 정리하다 말고 내 쪽으로 돌아앉았다. 마치 숨겨 왔던 비밀이라도 말하려는 듯 삼촌은 몸을 앞쪽으로 숙이고 두 손을 마주 잡았다.

"내가 지금까지 진실이라고 믿었던 게 사실은 거짓이었다는 걸 아는 순간, 아기는 이 사실을 알려 준 아빠가 고맙기보다는 아주 원수처럼 느껴지지. 그때 아기는 엄마와 분리되는 아픔을 겪게 되는 거야. 그때부터 아빠는 바로 너의 적이 되는 거지."

삼촌은 '너의 적'이란 말에 힘을 주었다. 그리고 손가락으로 나를 가리키며 빤히 쳐다보았다. 나? 내가 적? 그럼 내가 오공이의 적이 되나?

나는 오공이와 내 사이가 걱정이 되었다. 결국 내가 오공이에게 '넌 사람이 아니라 원숭이야' 하고 알려 준 셈이었다. 앞으로 오공이가 나를 어떻게 생각할지 마음이 불안해졌다.

5 마음속에 있는 또 하나의 마음

나는 침대에서 일어나 방문을 살짝 열고 거실을 보았다. 민오와 아빠가 나란히 앉아서 잠든 오공이를 지켜보고 있었다.

"아빠를 적으로 생각하는 마음을 유식한 말로 뭐라고 하는지 알고 있니?"

"몰라."

나는 뚱하게 대답했다.

"'오이디푸스 콤플렉스'라고 하는 거야."

삼촌. 오공이를 떠올려 날 심란하게 하더니, 이젠 말을 막 지어내기까지 하네. 나는 당장 인터넷 검색란에 '오이디푸스 콤플렉스'를 쳐 보았다. 백과사전에 '오이디푸스 콤플렉스'에 대한 설명이 쭉 떴다. 나는 천천히 읽어 보았다. 엥? 엄마를 놓고 아빠를 라이벌로 생각하는 아들의 심리라고?

아빠가 라이벌이라면, 엄마를 엄마가 아니라 여자친구처럼 사랑하는 거란 말야? 정말이었어? 나는 삼촌을 바라보았다.

"너 언제부터 삼촌 말한 것을 컴퓨터로 확인하는 못된 버릇을 가지게 된 거야?"

삼촌이 책을 한쪽 벽으로 쭉 세워 놓으며 실망스런 목소리로 말했다.

"컴퓨터 시작하면서부터."

나는 미안한 듯 씩 웃었다.

"좋은 생각이 있어."

난 방 문을 살짝 열고 바닥에 웅크리고 엎드려, 문틈으로 거실을 내다보았다.

"뭘 봐?"

"으엑…… 삼촌, 무거워!"

"쉿!"

삼촌이 날 깔고 엎드리며 함께 거실을 엿보았다. 거실에선 아빠와 민오가 신나게 말타기 놀이를 하고 있었다.

"적은 무슨 적? 아빠랑 민오랑 친하기만 한데."

"잘 봐, 민오가 엄마랑 아빠 사이에서 떨어지지 않잖아. 한마디로 아빠로부터 사랑하는 엄마를 지키겠다는 마음이지."

나는 의심스런 표정으로 삼촌을 올려다 보았다. 삼촌은 묵묵히 고개를 끄덕이며 턱으로 거실을 가리켰다. 민오는 계속 아빠만 졸졸 따라다니고 있었다. 헹, 저게 무슨 경계야.

아빠가 놀이를 그만두고 부엌으로 엄마를 도와주러 갔다. 그러자 민오도 쏜살같이 부엌으로 쫓아갔다. 민오는 아빠와 엄마 사이에서 왔다 갔다 하면서, 아빠가 엄마를 보고 웃기라도 하면 엄마의 앞치마를 잡아당겼다.

"아빠, 아빠! 나 말 태워 줘."

민오가 아빠한테 매달렸다.

"틀림없이 민오는 말을 태워 달라면서 아빠를 엄마에게서 떼어 내려 할 거야."

"이미 그러고 있거든."

삼촌과 나는 아빠와 민오의 라이벌 구도를 계속 지켜보았다. 아빠가 엎드리자 민오가 잽싸게 아빠 등에 올라탔다.

"이랴, 이랴! 거실로 출동!"

민오가 아빠 등을 때리며 소리쳤다.

"이히히히힝?"

아빠가 말 울음소리를 흉내 내며 거실로 다시 나왔다. 삼촌이 나를 보고 그것 보라는 듯 씩 웃었다. 그리고 다시 문틈 사이로 내다보았다.

"너희들 문틈으로 뭘 보고 있는 거야?"

"우악!"

"아, 깜짝이야!"

거실로 기어가던 아빠가 문틈으로 우릴 발견하고는, 민오와 함께 들여다보고 있었다.

"보, 보긴 뭘 봐! 거실로 나가려던 참이지."

"우하하! 훔쳐보는 도둑이다?"

"도둑은 무슨 도둑이야! 내가 내 집 보는데."

우리 모습이 재밌었는지 민오가 아빠 등 위에서 오두방정을 떨었다. 삼촌과 난 좀 머쓱해져서 툭툭거리며 일어나 주춤주춤 거실로 나갔다.

아빠와 민오는 거실에서 계속 말타기 놀이를 했다. 내가 보기엔 정말 둘이 잘 노는 것 같았다. 나도 아빠 등 타고 놀고 싶을 정도였다. 저건 아무리 봐도 적을 대하는 태도가 아니야. 그럼 적이 다시 동지가 된 건가? 나도 엄마를 놓고 아빠를 라이벌로 생각했던 것이었을까?

나는 밥을 앉혀 놓고 식탁에서 가계부를 훑어보는 엄마 앞에 앉았다.

"뭐 필요한 거 있어?"

"아니."

엄마는 살짝 웃더니 다시 가계부에 눈을 돌렸다. 예쁘긴 하지만 여자로서 내 이상형은 아니야. 어쨌든 아줌마잖아.

아빠와 놀던 민오가 어느새 식탁 의자에 올라와 있었다. 다 놀았나? 거실을 보니 아빠는 소파에 쓰러져 숨을 몰아쉬며 땀을 식히고 있었다. 민오는 흥얼거리며 식탁 위에 있는 사과를 덥석 집어 물었다. 아사삭! 사과 씹히는 소리가 아주 경쾌하게 들렸다. 녀석, 아빠를 아주 초죽음으로 만들어 놓고 혼자 쌩쌩하다니.

삼촌 말이 맞는지도 모른다. 민오는 계속 흥얼거리며 사과를 야금야금 먹었다. 왠지 민오의 표정에는 라이벌을 이긴 승자의 여유로움이 느껴졌다. 나는 거실로 돌아와 삼촌 옆에 앉았다. 뭔가 은밀한 대화를 기다리는 것처럼.

삼촌이 싱글거리며 턱으로 아빠와 민오를 번갈아 가리켰다.

"저게 다 민오 무의식에 쌓여 있는 아빠에 대한 마음이야."

삼촌이 나에게 소곤거렸다.

"무의식?"

그때 낮잠을 자던 혜인이가 훌쩍이며 방에서 나왔다. 우리는 깜짝 놀라 혜인이를 바라보았다.

"왜? 무슨 일이야?"

엄마가 달려가 혜인이를 안아 주었다.

"엄마, 텔레비전 보여 줘."

혜인이가 엄마 품에서 훌쩍이며 말했다.

"갑자기 자다 일어나서 웬 텔레비전?"

나는 의아해 하며 혜인이를 보았다.

엄마는 우리가 텔레비전 보는 시간 제한을 두었다. 두 가지 이유였다. 첫째는 눈이 나빠져서, 둘째는 텔레비전이 바보상자라서.

나와 민오는 텔레비전을 별로 좋아하지 않기 때문에 괜찮았지만 혜인이는 달랐다. 탤런트가 꿈인 혜인이는 텔레비전을 많이 보고 싶어 했다.

"우리 혜인마마가 자다가 꿈을 꿨구나. 엄마가 꿈에서 텔레비전 안 보여 줬어?"

아빠가 웃으며 말하자 혜인이가 고개를 끄덕였다.

"푸하하! 꿈에서 텔레비전 안 보여 준다고 울다니, 바보!"

"오빠 미워!"

엄마도 깔깔거리며 혜인이에게 말했다.

"좋아, 꿈에서 텔레비전 보는 건 허락할게. 이제 낮잠 그만 자야지. 벌써 저녁 먹을 시간이야."

엄마가 웃으며 혜인이 이마에 뽀뽀를 했다. 혜인이가 엄마의 품에 안긴 채 고개를 끄덕였다.

"우리 집 애들처럼 텔레비전 안 보는 애들은 없을 거예요. 꿈에서만 보라는 건 너무 가혹하시다. 좀 보게 놔둬요. 어릴 땐 놀아야지, 통제 많이 받아서 좋을 건 없잖아요."

"맞아. 소녀시대 언니들도 봐야 하고 원더걸스 언니들도 봐야 하는데……."

혜인이가 작게 우물거렸다. 혜인이는 텔레비전에 예쁜 연예인이 나오면 따라하는 걸 좋아했다. 그래서 혜인이와 엄마는 텔레비전 보는 시간 때문에 싸움이 잦았다.

"텔레비전이 얼마나 보고 싶었으면 꿈에 나타났을까. 그게 다 무의식 속에 쌓여 있는 것들이 꿈으로 나타나는 거라고요."

삼촌이 가여운 눈으로 혜인이를 보았다.

"그러니까 무의식이 뭐냐니까?"

내가 물었다.

"마음 깊은 곳에 있는 또 하나의 마음이야. 사람들은 보고 듣고 느끼고 생각하며 살아가지. 하지만 그 모든 것들을 언제나 다 기억하고 있을 순 없어. 그래서 잊히는 것들이 있지. 그게 무의식 속에 저장이 되는 거야. 꽁꽁 숨어 있는 기억이랄까?"

"그럼 무의식 속에 있는 건 언제 나와?"

"어른들이 그런 말 자주 하지? '무의식적으로 내뱉은 말이야', '무의식적으로 주먹이 날아갔어' 같은 말. 살다 보면 자신도 모르는 사이 무의식 속에 쌓여 있던 것들이 나타날 때가 있어. 꿈은 그 대표적인 경우지. 방금 전 혜인이처럼."

삼촌이 엄마 품에 안긴 혜인이를 보며 말했다.

"어쨌든 텔레비전 많이 봐서 좋을 건 없어."

아빠가 식탁 앞에 앉으며 간단하게 결론지으려 했다.

"하지만 연예인이 꿈인 애한테 텔레비전을 보지 말라고 하는 건 심하지."

삼촌이 혜인이를 보며 말했다.

"연예인? 누가? 혜인이가? 아직 일곱 살밖에 안 됐는데 연예인은 무슨."

아빠가 그럴 리 없다는 듯이 말했다. 내가 볼 때 혜인이는 연예인이 되고도 남을 것 같은데 아빠는 그렇게 생각하지 않는 것 같았다.

"일곱 살이라고 해도 장래희망을 정할 수는 있잖아. 안 그래? 혜인아, 너는 앞으로 커서 뭐가 되고 싶니?"

"난 소녀시대 언니들처럼 예쁜 가수가 되고 싶어."

혜인가 눈을 반짝이며 또박또박 말했다. 혜인이의 당찬 얼굴은 이미 반쯤 연예인이 된 듯 보였다.

"내 생각에 부모는 자식의 꿈을 존중해 줘야 해."

삼촌이 아빠와 엄마를 번갈아 보았다.

"저도 그렇게 생각해요. 부모는 자식의 꿈을 존중해 줘야 해요.

자식의 꿈 때문에 부모와 자식 간에 의견 충돌이 일어나지 않았으면 좋겠어요."

엄마가 아빠와 삼촌을 바라보았다. 아빠도 삼촌도 엄마의 말에 고개를 끄덕였다.

"다만 애들이 내가 원하는 꿈을 꿔 줬으면 하는 바람이 있지. 그래야 집안이 조용할 거 아니야."

아빠는 허허 웃었다. 그리고 멋쩍은 듯 물을 마셨다.

"형이 그런 말을 하다니, 아버지 같잖아."

삼촌이 말했다. 아버지라면 할아버지를 말하는 건가?

"할아버지가 왜?"

내가 어른들을 번갈아 보며 물었다.

"예전에 할아버지가 아빠 보고는 의사가 되라고 하시고, 나 보고는 판사가 되라고 하셨거든. 그런데 그건 할아버지의 꿈이지, 아빠와 나의 꿈이 아니었거든."

"아, 그래서 할아버지랑 아빠, 삼촌 사이가 그렇구나. 할아버지가 판사랑 의사 안 됐다고 삐지신 거야?"

가끔 대전에서 할아버지와 할머니가 집에 놀러 오시면 할아버지는 뭐가 불만인지 표정이 항상 어두웠다. 나는 무뚝뚝한 표정으로 팔짱을 낀 채 소파에 앉아서 텔레비전만 보다가 대전으로 가시는 할아버지가 떠올랐다.

"형이 수의학과로 전과했을 때 아버지 얼굴 진짜 볼만했는데. 시간이 흘러서 간신히 화가 풀리시나 했는데, 이번엔 나 때문에 또 그때의 얼굴을 보고 있잖아."

삼촌이 고개를 숙이고 한숨을 쉬었다.

"그건 다 아버지의 욕심이자 욕망일 뿐인데. 왜 부모들은 자신들의 뜻에 따라 자식을 키우려고 하는지 모르겠어. 나도 나중에 자식을 낳으면 그럴까?"

삼촌이 물 컵을 빙글빙글 돌렸다. 삼촌의 얼굴이 슬퍼 보였다. 삼촌에게 뭐라고 위로의 말을 해 주고 싶었지만 마땅히 떠오르는 말이 없었다. 삼촌은 일어나서 방으로 들어갔다. 나도 뒤를 따라 들어갔다.

삼촌은 책상에 앉아 책을 펼쳤다. 나는 침대에 기대어 앉아 그 뒷모습을 물끄러미 바라보았다.

6 '나'라는 별

"신경 쓰인다. 할 일 없으면 나가서 놀아."

삼촌이 돌아보지도 않고 내게 말했다.

"삼촌, 지금 행복해?"

"행복해."

무뚝뚝한 말투이긴 해도, 삼촌은 조금의 고민도 없이 행복하다고 말했다. 내가 볼 때, 삼촌은 행복해 보이지 않는데.

"왜 행복해? 삼촌은 항상 공부 때문에 할아버지랑 다투잖아."

그제서 삼촌은 나를 돌아보았다. 그리고 활짝 웃었다.

"할아버지랑 다투는 건 안타깝지만 그건 할아버지 욕심이지. 할아버지와 다투기 싫어서 내가 하고 싶지 않은 걸 평생 하고 살 수는 없잖아. 내가 하고 싶은 걸 하고 산다는 건 정말 행복한 일이야. 그걸 지키기 위한 투쟁도 어찌 보면 행복한 일이야. 네가 앞으로 어떤 일을 할지 모르겠지만 남들이 시키는 일 말고 진짜 네가 좋아하는 일을 해. 그럼 그때는 이 삼촌이 왜 행복한지 알 거다."

삼촌은 대충 중요한 말은 다 했다는 듯 다시 돌아앉아 책을 보며 한마디를 더 흘렸다.

"따지고 보면 사람은 태어나면서부터 다른 사람들의 욕망에 의해 자라는 거니까."

난 앉은 자리에서 튀어나가 삼촌이 보던 책을 덮으며 물었다. 삼촌이 귀찮다는 듯 짧게 한숨을 쉬었다.

"그게 무슨 말이야?"

"뭐가?"

"다른 사람의 욕망이 뭐?"

"한번 생각해 봐. 욕망이 순수하게 나의 마음에서 저절로 생긴

거라면 아마 원하는 것을 얻었을 때 만족감을 느끼겠지. 하지만 욕망은 순수하게 나의 마음에서 생긴 것보다 다른 사람에 의해 만들어진 경우가 많기 때문에 내가 아무리 잘 해도 다른 사람이 인정하지 않으면 만족감을 얻을 수 없어."

"할아버지가 삼촌의 지금 모습을 인정하지 않는 것처럼?"

삼촌이 씩 웃으며 고개를 끄덕였다.

"어찌 보면 욕망은 남에게 인정받고 싶은 마음일지도 모르겠다. 너도 누군가에게 인정받고 싶잖아."

수진이. 나도 수진이가 좋아하는 사람으로 인정받고 싶어. 하지만 지금은 그렇지 못해서 한숨이 나왔다.

"난 아직 내가 뭐가 되고 싶은지 모르겠는데."

"네 나이에 당연한 거야, 실망할 필요 없어. 평소에 끊임없이 자기 격려를 하면 자신감도 생기고 뭔가 원하는 것이 생길 거야. 그러다 보면 어느 순간 자신이 한 말처럼 돼 있는 걸 발견하게 된단다."

삼촌이 확신에 찬 눈으로 나를 바라보았다. 진짜? 진짜 그럴까? 나도 언젠가는 수진이한테 인정받을 수 있을까?

나는 침대에 누워 삼촌의 말을 되씹었다. 나는 앞으로 무엇이 될까? 탤런트가 되겠다고 눈을 반짝이던 혜인이가 떠올랐다. 이제 겨울 일곱 살인데, 벌써 자신의 길을 정하다니. 꿈이 있는 혜인이가 부러웠다.

나는 아직 모르겠다. 판사나 의사? 그건 할아버지 꿈인데. 수의사? 그건 아빠 직업이잖아. 심리학자? 그건 삼촌이 좋아하는 일이고. 연예인? 그건 혜인이 꿈이고. 그럼 난? 그런 생각을 하다가 스르르 잠이 들었다.

그날 밤 나는 꿈을 꾸었다. 첫 장면은 민오랑 아빠가 엄마를 가운데 두고 싸우는 것이었다. 그런데 민오랑 아빠가 싸우다 둘은 갑자기 사라지고 나와 영철이가 수진이를 놓고 싸웠다. 어찌나 치고 박고 싸웠는지 꿈속에서 영철이한테 맞은 데가 아직도 얼얼했다. 한마디로 악몽이었다. 꿈은 반대라는데. 내가 영철이 때릴 일이 생기나? 하지만 미국에 있는 영철이를 무슨 수로 때리나?

아침 해가 밝았다.

눈을 비비고 책상 의자에 멍하니 앉아 있는데 민오가 일찍 깨서는 책을 들고 들어왔다.

"형, 내가 책 읽어 줄게."

"뭐? 글씨도 모르면서."

민오는 내 말에 아랑곳 하지 않고 공룡이 그려진 책을 펼쳤다.

"자, 봐. 형, 여기엔 티라노사우루스라고 쓰여 있어."

"하하하하. 여긴 티라노사우루스라고 쓰여 있는 게 아니라 스테고사우루스라고 쓰여 있어."

민오가 눈에 힘을 주고 나를 째려보았다.

"아니야. 여기엔 '티, 라, 노, 사, 우, 루, 스' 라고 쓰여 있어."

그리고 작은 검지를 펼치더니 글자 하나하나를 가리키며 목소리에 힘을 주었다. 말도 안 돼. 스테고사우루스보고 티라노사우루스라고 우기다니. 바보, 김민오. 그때 삼촌이 침대에서 일어나 민오에게로 왔다.

"맞다. 티라노사우루스라고 쓰여 있네. 민오, 글씨도 잘 읽네."

나는 삼촌을 의아해 하며 쳐다보았다. 삼촌은 왜 글씨가 틀렸는데도 지적을 안 하지? 민오는 신이 나서 책장을 마구 넘기며 공룡 이름을 하나씩 읽었다. 비록 공룡 이름과 그림이 맞지는 않았지만 그 긴 공룡의 이름을 여러 개나 알고 있다는 사실이 놀라웠다. 언제 저렇게 다 외웠을까? 이왕 외우는 김에 그림하고 단어랑 맞춰

서 외우지.

어쨌든 나도 삼촌처럼 민오가 읽는 단어에 맞장구를 쳐주었다. 삼촌과 나는 마주 보고 씩 웃었다.

"형, 김민오 이름 어떻게 그려?"

민오가 나를 보았다. 이름을 그려? 나는 삼촌을 보았다.

"애들 때는 글씨도 다 그림으로 보여."

나는 고개를 끄덕이고 민오의 손을 잡고 김민오라고 그렸다. 민오는 신기해하며 내 이름, 삼촌 이름도 그려 보라고 했다. 나는 내 이름과 삼촌 이름도 그려 주었다.

"단어를 많이 알면 알수록 나에 대해서도 점점 더 많이 알 수 있겠지?"

나의 물음에 삼촌이 민오가 그리는 것을 보고 고개를 끄덕였다.

"형, 내가 1 그렸어."

민오가 자랑스러운 얼굴로 나를 바라보았다. 종이엔 진짜 1이 크게 그려져 있었다. 삼촌과 나는 민오의 머리를 마구 쓰다듬으며 칭찬했다.

"엄마한테 자랑해야지."

민오가 자신이 그린 1을 들고 엄마에게 갔다. 예전에 엄마랑 아빠는 민오가 무엇인가를 하나씩 알아냈을 때 마치 큰 경사라도 난 듯이 좋아했다. 그런 엄마 아빠의 반응이 나는 좀 심하다고 생각했다.

그러나 지금은 무언가를 알아간다는 사실이 정말 놀라운 일이라는 사실을 알았다. 자신을 알아간다는 것. 나와 나 아닌 것을 구별한다는 것. 민오가 정말 대견하게 느껴졌다.

"민오가 알고 싶은 게 많을 거야. 호기심이 아주 많이 생길 때거든. 질문하면 짜증내거나 장난하지 말고 성실하게 답하도록! 민오의 무의식 속에 엉뚱한 그림이 남지 않게. 알았지?"

나는 고개를 끄덕였다. 갑자기 내가 큰 임무를 맡은 듯했다. 하얀 도화지 같은 민오의 무의식에는 어떤 그림이 그려지고 있을까? 나를 알아간다는 건 새로운 별을 탐험하는 것. 낯선 별을 탐험하다 만난 돌멩이, 누군가 지나간 발자국, 그리고 그곳에서 만난 우주인.

내 별, 나만의 별이 있다는 건 정말 기분 좋은 일이었다. 열심히 자신의 별을 향해 탐험하고 있을 민오에게 파이팅을 외쳤다. 힘내, 민오야!

나는 민오뿐만 아니라 내 자신도 대견하다는 생각이 들었다. 나도 지금 민오의 과정을 다 겪었다는 거니까. 그리고 지금도 여전히 내 별을 탐험하고 있는 중이겠지? 내 별에는 또 무엇이 있을까? 눈을 감고 상상해 보았다. 그러다 내 별 어딘가에 있던 영철이를 발견했다.

난 깍깍거리며 머리를 흔들었다.

상징계

1950년대 초부터 라캉의 작업은 상징계의 힘과 조직 원리를 강조하기 시작합니다. 즉, 태어날 때부터 아이들을 둘러싼 사회, 문화, 언어적 그물망을 강조했습니다. 이것들은 태어나는 것에 먼저 행동하는 것이기 때문에 라캉의 입장에서 언어는 어린아이의 탄생 이전부터 존재한다고 말할 수 있습니다.

언어는 가족으로부터 나타나는 사회 구조 속에, 부모의 이상, 목표, 역사 속에 이미 존재하고 있습니다. 어린아이가 태어나기도 전에 부모들은 어린아이에 대해 이야기하며 이름을 정하고 어린아이의 장래를 구상합니다. 이러한 언어의 세계를 방금 태어난 아이는 이해하지 못하지만, 언어의 세계는 어린아이의 존재 전체에 많은 영향을 미칩니다.

이러한 생각은 거울단계 이론의 당연한 결론이라 할 수 있습니다. 처음에 상상적인 동일화를 강조했던 라캉은 이제 그것의 상상적인 측면에 대해 논의하고 있습니다. 어린아이가 이미지에 사로잡혀 있다 할지라도 어린아이가 동일화의 요소로 받아들이는 것은 부모의 말에서 나오는 기표들입니다. 어린아이가 거울에 비친 자신의 영상을 볼 수 있도록 일으켜 주면서 엄마는 이렇게 말할지 모릅니다.

"아가 눈은 엄마를 닮았네요. 아빠 얼굴이랑 똑같아요."

이 말은 어린아이를 계보, 상징적 우주 속에 위치시키기 때문에 상징적 의견들입니다. 어린아이는 낱말과 이름에 의해 이미지를 묶어 놓습니다. 언어의 반복에 의해서 말입니다. "너 참 못됐구나!"라는 엄마의 말은 어린아이를 위대한 성인으로 만들기도 하고 악당으로 만들기도 합니다.

어린아이의 정체성은 부모의 말을 어떻게 받아들이느냐에 달려 있습니다. 따라서 이미지와의 동일화를 넘어서고, 어떤 의미에서 그에 선행하는 동일화가 있는 셈입니다. 그것은 기표 요소와의 동일화입니다. 이러한 단계를 라캉은 '상징계'라고 부릅니다. 이러한 거울의 상이나 엄마와의 이미지상의 투쟁, 불안정하기 그지없는 불균형의 상태가 거울영상의 단계입니다. 그것을 넘어서기 위해서 요청되는 것이 아비지라는

절대타자가 존재하는 상징계입니다.

상징계는 언어와 의미의 차원을 말합니다. 라캉은 상징들에 대해 인간 세상의 모든 것들이 구조화되는 체계를 고안해 내는데 몰두하였습니다. 라캉은 이때 모든 것들이 상징계로 환원될 수 있다고 말하는 것은 아닙니다. 그보다는 상징들이 일어난 일단 나타난 연후에 무의식과 인간 주체성을 포함한 모든 것들이 상징과 상징계에 따라 배열되고 구조화된다는 것입니다.

라캉의 관심은 프로이트가 주장한 것처럼, 무의식에 관한 것이었습니다. 그런데 그는 프로이트와는 다르게 무의식을 단지 생물학적이고 성적인 주체로 보지 않고 언어의 문제와 관련시킵니다. 라캉에게 있어서 무의식은 생물학적 존재를 인간의 자식으로 변환시키는 메커니즘이며, 계속적으로 인간의 아이로 살아갈 수 있도록 만드는 인간 내부의 메커니즘입니다.

라캉이 이야기하는 프로이트로의 복귀란 정신분석학에 있어서 언어가 주체에게 미치는 영향에 대한 연구로부터 출발해야 함을 뜻합니다. 무의식이 언어의 도입으로 인해서 조각났다는 사실입니다. 언어의 작용으로 인해 무의식은 이제 존재하지 않는 것, 빈틈을 중심으로 움직이는 것이 되어 버렸습니다. 이것을 근거로 하여 그는 인간의 발달을 상상계 · 상징계 · 실재계로 구분합니다.

라캉이 무의식의 이론적 구조로 삼은 것은 소쉬르(Ferdinand de Saussure)의 구조주의 언어학에서였습니다. 상징계의 결정적 중요성에 주목하는 것은 정신분석학과 구조주의 언어학 사이의 접목을 시도하면서 프로이트로의 복귀를 부르짖게 됩니다.

라캉은 정신분석에서 언어의 역할을 특히 강조하면서 '무의식은 언어처럼 구조화되어 있다'는 그의 가장 중요한 명제를 이야기합니다. 라캉을 대표하는 이 선언은 바로 프로이트와 언어학자 소쉬르의 이론을 합친 것입니다.

언어가 무의식을 품고 서로 반대의 말을 합니다. 주체가 타자를 품고 서로 반대말을 합니다. 의식이 '양' 하면 무의식이 '음' 이라 말하고, 주체가 '낮' 이라 하면 타자는 '밤' 이라고 합니다. 겨울은 여름을 품어 안고 가을은 봄을 품어 안으니 이것이 정신분석의 '마주 봄' 입니다. 뜨거움의 반대쪽에 차가움이 있고 부드러움의 반대편에 딱딱함이 있으니,

이 네 개의 마주 봄들이 춤을 추니 계절도 담론도 같은 원리에서 끝없이 순환합니다. 그것은 1차과정과 2차과정이 동시에 적용됩니다.

라캉은 위의 두 과정 중에 어느 한 과정도 다른 과정 없이는 성립되지 않는다고 이야기합니다. 라캉의 관점에서 의식은 더 이상 2차과정에만 속하지 않는 상상계로 묘사됩니다. 왜냐하면 사물의 표상 즉, 1차과정의 기의도 의식화될 수 있기 때문입니다. 이러한 명제는 1951년 라캉이 '프로이트의 복귀'를 외치며 정신분석에 대해 확고한 라캉적 독해를 시작하기 약 15년 전이었습니다.

3

실재계

1. 라이벌 오영철
2. 삼총사는 싫어!
3. 없어도 있는 듯, 있어도 없는 듯
4. 새로운 세상을 향하여
5. 주이상스
6. 죽을힘을 다해

 욕망은 타자의 언어이다.　—자크 라캉

1 라이벌 오영철

"준오야!"

가방을 챙기는데 복도에서 누군가 나를 불렀다. 나는 소리 나는 쪽을 보았다. 수진이가 밝게 웃고 있었다. 반가운 마음에 가방을 싸다 말고 벌떡 일어났다.

"김준오, 누가 왔는지 어서 나와 봐."

수진이가 입이 찢어져라 웃으며 손가락으로 옆에 선 아이를 가리켰다. 나는 수진이가 가리킨 아이를 보았다. 수진이보다 키가 훨씬 큰 남자애가 얼굴 가득 웃음을 머금고 서 있었다. 이야……
멋지다. 나는 나도 모르게 입이 떡 벌어졌다.

수진이는 입이 귀에 걸린 채 그 애를 계속 바라보고 싱글거렸
다. 우리 반 애들도 지나가면서 수진이 옆에 서 있는 낯선 애를 흘
끔거렸다. 누구지……? 헉! 설마, 설마? 오영철?

순간 가슴이 철렁 내려앉았다. 정말 오영철이야? 말도 안 돼.
온몸에서 힘이 쭉 빠졌다. 나는 가방을 들고 터덜터덜 수진이와
영철이 앞으로 다가갔다.

"반갑다, 김준오. 설마 나를 잊은 건 아니겠지?"

어떻게 너를 잊을 수 있겠니, 나의 라이벌을. 영철이가 활짝 웃
으며 손을 내밀었다.

"영철이가 오늘 우리 반으로 전학 왔다. 뭐 해? 반가운 친구랑
악수 안 해?"

들뜬 표정으로 수진이가 말했다.

"반갑다, 영철아."

아니야, 아니야. 이건 현실이 아니야. 나는 분명 악몽을 꾸고 있
는 거야. 하지만 나는 어느새 영철이의 손을 잡기 위해 팔을 내밀
고 있었다. 나는 어색하게 웃으며 영철이의 손을 잡았다. 영철이

가 내 손을 꽉 잡고 힘차게 흔들었다.

나는 영철이의 머리끝부터 발끝까지 찬찬히 살폈다. 신발, 옷, 가방이 전부 유명 상표였다. 내가 신고 싶었던 신발에, 작년 크리스마스 선물로 받고 싶었던 가방까지 모두 가지고 있잖아. 그리고 바지 주머니에 삐죽이 나온 핸드폰 고리까지 반짝였다. 초등학생이 무슨 핸드폰! 영철이는 등장부터 내 기를 꽉 죽였다.

나는 수진이를 살짝 보았다. 수진이는 영철이에게서 눈을 떼지 못하고 계속 싱글거렸다. 발끝에서 머리끝까지 짜증이 확 났다. 나는 수진이와 영철이보다 빠르게 걸었다. 그러자 갑자기 영철이가 내 옆으로 뛰어오더니 어깨동무를 했다.

"이제 옛날처럼 셋이서 같이 다니는 거야."

그리고 영철이는 뒤를 휙 돌아보더니 뒤에 처진 수진이를 빨리 오라며 불렀다. 그러자 수진이는 영철이의 손짓에 말 잘 듣는 강아지처럼 쫄랑쫄랑 뛰어왔다. 나는 영철이의 말에 하마터면 미쳤냐고 대답할 뻔했다. 이제부터 태권도장 다니면서 수진이랑 더 친해질 수 있을 거라고 생각했는데.

"우리 이제 셋이서 도장 같이 다니면 되겠다."

수진이가 눈을 반짝이며 말했다.

"뭐?"

나는 깜짝 놀라 수진이를 보았다.

"왜? 너도 내가 다니는 도장 다닐 거라고 했잖아. 영철이는 벌써 도장에 등록했는데."

수진이가 영철이를 보며 말했다. 그러자 영철이가 고개를 끄덕였다.

"벌써 도장을 끊은 거야?"

"귀국 하자마자 내가 도장부터 끊으라고 했지."

그리고 수진이가 씽긋 웃었다. 뭐야, 나한테는 도장 끊으라는 말도 안 했으면서. 이제 망했어, 망했어. 나는 급한 일이 있다고 말한 후 수진이와 영철이를 뒤로 하고 동물병원으로 뛰어갔다.

동물병원에 들어서자 오공이가 나를 반겼다. 나는 오공이를 와락 껴안고 소파에 털썩 주저앉았다.

"오공, 난 이제 망했어. 영철이 놈이 돌아왔어!"

오공이는 초롱초롱한 눈망울로 나를 보았다.

"수진이랑 같은 반에, 태권도도 같이 할 거래. 그렇지 않아도 난 운동신경도 없는데. 이제 진짜 수진이는 나를 거들떠보지도 않을 거야."

내가 한숨을 푹푹 쉬자 오공이가 '끽끼끽' 하며 내 품에 파고들었다.

"그래도 나를 위로하는 이는 너밖에 없구나. 오공, 고마워."

나는 오공이의 머리에 뺨을 비볐다. 오공이의 부드러운 털이 뺨에 닿으니 마음이 한결 가라앉는 것 같았다.

오공이가 고개를 들고 내 품에서 내려갔다. 그리고 책상 위에 있던 오공이의 원숭이 인형을 끌고 왔다. 잃어버렸던 오공이를 찾았을 때 함께 발견한 원숭이 인형이었다. 오공이는 그날 이후 원숭이 인형과 한시도 떨어져 있지 않으려고 했다. 누가 만지는 것도 싫어해서 우리도 그 원숭이 인형을 건드리지 못했다.

그런데 오공이가 내게 그 인형을 내밀었다. 나는 무지막지한 감격에 몸이 부르르 떨렸다. 누가 오공이 보고 짐승이라고 하는 거야? 단지 동물일 뿐이라면 나의 슬픔을 이렇게 위로해 줄 수 있겠어?

"고마워, 오공아."

나는 오공이와 원숭이 인형을 꼭 안았다. 영철이 때문에 화난 마음이 조금은 풀리는 것 같았다.

"어? 준오야, 여긴 어쩐 일이야?"

엄마가 진료실에서 나왔다.

"아, 맞다! 엄마, 나 빨리 도장 보내 줘."

"도장? 태권도?"

나는 고개를 끄덕였다.

"오늘부터 당장 할 거야. 그러니까 빨리 등록해 줘."

엄마가 나를 보고 웃었다.

"왜? 영철이 때문에?"

나는 엄마의 말에 깜짝 놀랐다. 영철이가 온 걸 엄마가 어떻게 알고 있지? 엄마는 '그럼 그렇지……' 하는 표정으로 나를 바라보았다.

"영철이라니?"

나는 엄마의 눈을 피해 벽을 올려다보며 시치미를 떼었다.

"미국에서 영철이 엄마한테 전화 왔었어. 영철이 먼저 들여보내니까 자기 올 때까지 잘 좀 봐 달라고. 엄마 오기 전까지 우리 옆 동에 사는 할머니랑 지낼 거라고 하던데. 혹시 같은 반 됐니?"

영철이 엄마한테 전화 왔었구나. 그럼 그렇지. 그런데 또 우리 옆 동이야?

"아니, 수진이네 반."

나는 풀이 죽어 대답했다.

"옛날처럼 셋이서 잘 지내면 되겠네. 알았어. 이따 다섯 시까지 상가 도장으로 와. 엄마도 그리로 갈게."

과연 우리 셋이 잘 지낼 수 있을까? 꿈에서처럼 진탕 얻어터지는 거 아니야? 예전에 우리가 언제 잘 지냈다고. 같이 있으면 다 잘 지내는 건 줄 아나, 아들 속도 모르고…….

나는 터덜터덜 병원을 나왔다. 집으로 가는 길에 황사가 어찌나 심하던지 눈을 제대로 뜰 수가 없었다. 먼지가 눈에 자꾸 들어가서 눈이 따끔거리고 아팠다. 영철이가 있는 내 인생은 아주 심한 황사를 맞은 것 같았다. 눈앞이 캄캄했다.

2 삼총사는 싫어!

집에 들어오자 아무런 의욕도 나질 않았다. 가방을 어깨에 멘채 소파 위로 쓰러졌다. 천장에 수진이 모습이 그려졌다. 항상 내 옆에서 웃는 얼굴로 용기를 주었던 수진이가 내 앞에서 사라지고 있었다. 태어나서 이런 절망은 처음이었다. 옛날에 났던 이마의 상처가 아련하게 아파오는 것 같았다.

나는 상처를 살살 문질렀다. 하긴 한 번 생긴 상처가 기억에서 지운다고 실제로도 없어질까. 나는 수진이와 영철이 앞에서 슈퍼맨을 외치며 보자기를 펄럭이다 멋지게 베란다를 뛰어내렸던 그때의 창피했던 일이 떠올랐다. 눈을 질끈 감았다.

예전에 우리는 항상 함께 몰려 다녔다. 그래서 누가 보아도 다른 사람 눈에는 우리가 사이좋은 3총사로 보였다. 물론 영철이가 스파이더맨 옷을 입고 나타나기 전까지는 나도 우리가 잘 어울리는 3총사라고 믿었다.

"우와, 이거 스파이더맨 옷 아니야?"

수진이 눈이 휘둥그레지며 영철이에게 물었다. 파란 마스크와 하얀 거미줄이 가득 그려진 빨간 옷을 입고 영철이가 수진이와 내 앞에 나타났다. 나와 수진이는 스파이더맨 옷을 만져보았다. 손이 스르륵 미끄러지는 게 아주 부드러웠다.

"아빠가 이번에 미국에서 사 오셨어."

그날 영철이는 아파트 단지에서 스타가 되었다. 동네 꼬마들은 스파이더맨 영철이 주변에서 떠날 줄을 몰랐다. 영철이와 헤어지고 바로 동물병원으로 달려가 엄마에게 스파이더맨 옷을 사달라고 졸랐다.

"어디에서 그런 옷을 파는지 모르겠는데."

엄마는 시큰둥하게 대꾸했다. 나는 정말로 스파이더맨 옷을 입고 싶었다. 스파이더맨 옷. 그 후로 영철이는 수진이와 나랑 놀 때는 꼭 스파이더맨 옷을 입고 나타났다. 나는 엄마에게 스파이더맨 옷 대신에 슈퍼맨 옷을 사 달라고 했다. 그러자 아빠가 서랍에서 분홍 보자기를 꺼내 내 목에 묶어 주었다.

"자, 이제부터 넌 슈퍼맨이야!"

그리고 아빠는 양 팔을 쭉 뻗어 나는 시늉을 했다.

"이 보자기는 마법의 보자기다. 간절하게 원하면 딱 한 번 날 수 있어."

아빠가 나를 번쩍 안아 공중에 붕 던졌다. 분홍 보자기가 펄럭이며 공중에 날렸다. 그 후로 나는 수진이와 영철이를 만나는 날이면 꼭 분홍 보자기를 맸다.

"이건 뭐야?"

분홍 보자기를 잡아당기며 수진이가 물었다. 나는 분홍 보자기를 수진이의 손에서 뺐다.

"이건 슈퍼맨 망토야."

"영철이는 스파이더맨이라 벽을 타고 준오는 슈퍼맨이라 날 수

있겠다, 그치?"

수진이가 해맑게 웃으며 영철이와 나를 보았다.

"벽 탈 수 있어."

영철이의 목에 힘이 들어갔다.

"나도 날 수 있어."

수진이가 호기심 가득한 눈으로 우리를 보았다. 나는 수진이 앞에서 영철이에게 지기 싫었다. 나는 베란다 문을 활짝 열었다. 그리고 베란다 난간 위로 조심스레 올라섰다.

"잘 봐."

나는 수진이와 영철이를 보고 씩 웃은 후 난간을 잡고 있던 두 손을 놓았다.

"슈퍼맨!"

팔을 하늘 높이 쳐들고 슈퍼맨이라고 외쳤다. 내 몸이 하늘을 향해 붕 날아올랐다. 분홍 보자기가 하늘 가득 펄럭였다. 그리고 순식간에 잔디밭이 내 얼굴을 덮치며 '철퍼덕!' 소리가 났다. 머리가 깨진 것 같이 무지 아팠다.

"김준오! 괜찮아?"

수진이의 목소리가 들렸다.

"김준오! 아줌마! 아줌마! 준오가 베란다에서 뛰어내렸어요!"

영철이가 엄마를 부르는 소리가 어렴풋이 들렸다. 영철이 자식, 벽 탈 줄도 모르면서. 난 날았어. 봤지?

그 후로 우린 삼총사가 아니었다. 적어도 내 마음은 그랬다. 그리고 나는 더 이상 분홍 보자기를 목에 매지 않았고 영철이도 스파이더맨 옷을 입지 않았다. 나는 한 동안 이마에 하얀 거즈를 붙이고 다녔다.

3 없어도 있는 듯, 있어도 없는 듯

이마 상처가 찌릿찌릿했다.

수진이는 항상 내게 영철이 소식을 전해 주었다. 어찌나 생생하게 표현을 하는지, 마치 내가 미국에서 영철이가 하는 행동을 지켜보고 있는 것 같았다. 수진이는 내 얘기도 영철이한테 했을까?

"어? 준오 왔구나. 소파에 누워서 뭐 해?"

삼촌이 방에서 나오면서 말했다.

"왜 그래? 학교에서 무슨 일 있었어? 어디 아파? 왜 그렇게 힘이 없어?"

"삼촌, 나 완전 엉망이야."

나는 힘없이 말했다. 그리고 한숨을 푹 쉬었다.

"영철이가 왔어."

"미국으로 갔다는 스파이더맨 영철이?"

나는 천천히 고개를 끄덕였다.

"아, 라이벌이 다시 나타났으니 어쩌냐?"

삼촌은 내 심정을 단박에 알아차렸다.

"라이벌이 나타났는데 이렇게 널브러져 있으면 어떡해?"

삼촌이 소파에 누워 있는 나를 일으켜 앉혔다. 몸에 힘이 하나
도 없어서 땅으로 푹 꺼지는 것 같았다.

"힘내시게, 장조카. 대책을 마련해야지."

"대책을 세우긴 세웠어. 오늘부터 태권도장 다닐 거야. 영철이
도 수진이가 다니는 도장 다닌대. 같은 반에 같은 도장……."

내가 말끝을 흐리자 삼촌이 내 어깨를 툭툭 쳤다.

"마음이 힘들수록 이렇게 맥없이 앉아 있으면 안 돼. 몸을 마구
움직여서 힘든 기억을 자꾸 잊어야지. 어서 일어나. 나랑 할 일이
있다."

삼촌이 나를 데리고 방으로 들어갔다. 뭐야? 나는 난장판이 된 방을 보고 깜짝 놀랐다. 책장에 있던 책들이 반 이상이나 바닥에 내려와 있었다. 삼촌이 나를 보고 씩 웃었다. 그리고 한 뭉치의 책을 내 팔에 안겼다.

"그런데 이 책이 어디 갔지?"

삼촌이 어떤 책을 열심히 찾았다.

"삼촌은 말로만 내 걱정을 하지?"

"응? 말로만 걱정을 하다니, 마음으로도 걱정을 하지. 근데 그 책이 어디 있지?"

그럼 그렇지. 걱정은 무슨. 됐다, 됐어. 내 문제는 내가 해결해야지.

"그런데, 준오야, 왼쪽 끝에 있던 라캉 책 못 봤어?"

"내가 그걸 어떻게 알아. 그건 나중에 찾고 내 팔에 들린 것부터 빨리 꽂아. 무거워."

나는 툴툴거리며 책장에 기댔다.

"그러지 말고 좀 찾아봐. 빨리 일이 끝나야 네 고민도 이 삼촌이 해결해 주지. 내가 누굴 빌려 줬나?"

나는 책장에서 한 발짝 떨어져 책장에 꽂혀 있는 책들을 하나씩 살폈다. 삼촌이 찾던 책이 눈에 들어왔다.

"등잔 밑이 어둡다더니, 삼촌 두고 하는 말인가 보다."

삼촌은 책을 꽂다 말고 책장 앞에서 계속 두리번거렸다. 나는 들고 있던 책을 내려놓고 삼촌이 찾는 책을 꺼내 삼촌 코앞에 내밀었다.

"응? 이게 어디 있었어? 눈을 씻고 봐도 없던데."

나는 손가락으로 책을 꺼낸 곳을 가리켰다.

"이건 원래 왼쪽이 제자리였는데. 난 또 안 보여서 빌려 준 줄 알았네."

삼촌이 다시 책을 정리하기 시작했다.

"하긴 책이 자리가 바뀌었다고 어딜 가겠어. 내가 누구한테 빌려 주지 않았다면 이 집 어딘가에 실재하겠지."

혼자 중얼거리는 삼촌 말에 한숨이 났다. 실재라……. 삼촌은 지금 분명 내가 '실재가 뭐야?' 하고 물어 주기를 바라고 있을 것이다.

"실재가 뭐야?"

"응. 현실적으로, 실제로 있다는 말이야."

그래, 한 번 세상에 태어난 영철이가 어디 가겠어. 한국에 없으면 미국에 있고, 미국에 없으면 한국에 있지. 에휴.

"삼촌, 나 옛날로 돌아가고 싶다. 영철이 없던 시절로."

삼촌이 웃으면서 나를 보았다.

"영철이가 없던 시절이 언젠데? 영철이가 태어나기 전? 그땐 너도 없었어."

"그 말이 아니라."

"책은 언제나 그 자리에 있었는데, 바보같이 그것도 모르고 못 찾다니. 삼촌이 생각하기엔 영철이도 이 책처럼 자기 자리에 그대로 있는 것 같은데. 영철이가 네 눈에 보이지 않았다고 해서 현실에 있는 영철이가 없는 게 아니잖아."

삼촌도 나랑 같은 생각을 하네. 현실에 있는 영철이가 어디 가겠어.

"네가 영철이로부터 자유로워지지 않으면 넌 계속 영철이를 의식하면서 살아야 해. 현실에 이미 존재하는 사실들은 네 힘으로 어쩔 수 없어. 이미 생긴 사실들을 부정하고 바꾼다는 건 불가능해. '실재한다'는 건 그런 거야. 미래는 바꿀 수 있어도 현재는 바꿀 수 없지. 준오, 넌 똑똑하니까 앞으로 영철이랑 어떻게 지내야 할지 잘 알 거야."

"삼촌, 난 어떻게 해야 할지 모르겠어. 체육도 못하는데 괜히 태권도 하면서 수진이 앞에서 창피만 당하는 건 아닌지 모르겠어. 그래서 벌써부터 걱정이야."

"내가 봤을 때 넌 영철이한테 감사해야 해."

"뭘?"

나는 삼촌을 쳐다보았다. 불난 집에 부채질 하나. 내가 왜 감사해야 해?

"그렇잖아. 삼촌이 생각할 땐 넌 정말 멋지지만 네가 생각할 땐 네가 영철이보다 공부 빼고는 내세울 게 없다고 생각하잖아."

인정하고 싶지 않지만 삼촌 말이 맞았다. 나는 삼촌의 말에 고개를 끄덕였다.

"영철이 덕분에 태권도를 시작했으니 부지런히 해서 검은 띠도 따고 새로운 분야를 개척해 봐. 또 알아? 태권도 잘하는 널 수진이가 달리 볼지. 영철이는 원래 체육을 잘 하니까 태권도를 잘 해도 그러려니 하지만 넌 다르지."

삼촌이 내 어깨를 툭툭 쳤다.

"나라면 태권도라는 세계에 도전해 보겠어. 그냥 한번 해 봐, 이왕 하게 된 거니까. 네가 한번 욕심을 내 본다면, 영철인 너에게 또 하나의 욕망을 불러일으킨 거야."

삼촌이 나를 빤히 보았다. 그리고 주먹을 쥐고 태권도의 찌르기 동작을 보였다.

"태권도 선수는 어때?"

태권도 선수? 삼촌이 나를 보고 윙크를 했다. 내가 태권도 선수를 한다면 할아버지께서 뭐라고 하실까? 나는 피식 웃었다.

"근데 삼촌, 영철이가 미국에 있을 때나 한국에 있을 때나 내 기분은 똑같은 것 같아. 수진이가 하도 얘기를 해서 영철이가 어디에 있든 꼭 옆에 있는 것 같았거든."

삼촌이 내 등을 툭 쳤다.

"그럼 뭐 한국에 왔다고 해서 달라질 것도 없겠네. 그냥 새로운 세계에 도전해 봐. 그 방법이 최선이다. 세상에 이미 있는 것을 부정하려고 애쓰지 말고 속 편하게 그대로 받아들여. 그 위에서 뭔가를 더 하려고 해야지."

삼촌이 내 어깨를 꾹 잡았다. 시곗바늘이 벌써 다섯 시를 향하고 있었다.

"어? 벌써 다섯 시가 다 돼 가네. 도장에 등록한 첫날인데."

"어서 가 봐, 그럼."

"삼촌 말대로 새로운 세계에 도전하러 간다."

"오냐! 아자, 아자, 파이팅!"

삼촌이 불끈 주먹을 쥐어 보였다. 나도 삼촌을 따라 주먹을 쥐었다. 그래. 차라리 싸울 대상이 눈앞에 보이는 게 편할 수도 있겠어.

나는 수진이와 영철이가 있는 도장을 향해 달렸다.

4 새로운 세상을 향하여

도장으로 들어서자 하얀색 도복에 검은 띠를 두른 수진이가 보였다. 나는 영철이를 먼저 찾았다. 그러나 영철이의 모습은 보이지 않았다. 나는 사범님에게 받은 새 도복으로 갈아입고 수진이 옆에 앉았다. 영철이는 친척 집에 인사드리러 갔다고 수진이가 전해 주었다. 여기저기서 나는 기합소리에 어깨가 움츠러들었다. 그때 삼촌의 목소리가 들려왔다.

"또 알아? 태권도 잘 하는 모습에 수진이가 반할지?"

수진이를 보았다. 나는 주먹을 불끈 쥐었다. 새로운 모습을 보여 주겠어. 하지만 형들의 기합 소리에 나는 그만 두 눈을 질끈 감고 말았다.

"지금 오른발로 공격한 오빠, 정말 멋지지? 우와, 저 방어술 봐. 김준오, 눈만 감고 있음 어떡해. 눈을 뜨고 봐야지. 다른 사람들이 하는 대련을 잘 봐야 도움이 되는 거야."

수진이는 저렇게 싸우는 모습이 무섭지 않나? 나는 공격과 방어하는 모습이 멋있기는커녕 너무 무서웠다. 형들이 싸우는 건데 마치 내가 맞는 것처럼 아팠다. 아, 얼마나 아플까!

난 이마가 절로 찡그려졌다. 하지만 수진이는 마치 자신이 대련하는 양 두 손을 꽉 움켜진 채 진지하게 시합을 보았다. 무엇인가에 이렇게 몰두하는 수진이의 모습은 처음이었다.

"넌 나중에 태권도 선수가 될 거야?"

얼굴이 벌겋게 달아올라 시합을 보는 수진이에게 물었다.

"아니."

"그런데 왜 태권도를 좋아해?"

"좋아하는 데 이유가 있나? 난 태권도를 할 땐 아무 생각이 나질 않아. 그냥 신나."

"맞는 게 신나?"

나는 수진이가 좀 이상하게 보였다.

"맞기만 하냐? 때리기도 하지. 무엇보다 태권도는 자신감을 갖게 해 주지. 그리고 태권도를 하다 보면 자신의 한계를 느낄 수 있어. 별이 보일 정도로 심하게 바닥에 부딪쳤다가 비틀거리면서 일어날 때, 또 상대방을 멀리 나가 떨어뜨릴 때, 있는 힘껏 뛰고 나서 상대 선수와 악수할 때 스트레스가 확 풀리는 것 같아. 정말 기분 좋아."

나는 수진이가 달리 보였다. 한계를 느낄 수 있다는 수진이의 말에 깜짝 놀랐다. 때릴 때 스트레스 풀리는 건 알겠지만 맞을 때도 스트레스가 풀린다는 수진이의 말은 이해할 수 없었다.

나는 갑자기 수진이가 나보다 훨씬 큰 누나처럼 느껴졌다. 물론 수진이는 나보다 키가 한 뼘이나 더 컸다. 하지만 키만 큰 것이 아니라 정신도 나보다 한 수 위인 것 같았다. 태권도를 통해 자신의 한계를 느낀다니, 그런 말을 할 줄 아는 수진이가 대단해 보였다.

김수진, 너무 성숙한 거 아니야? 나랑 너무 비교되면 안 되는데. 나는 눈동자를 반짝이며 대련하는 모습을 지켜보는 수진이를 뚫어지게 바라보았다.

퍽!

대련하던 형이 바닥에 쓰러졌다. 그 모습을 보니 심장이 마구 뛰어 더 이상 지켜 볼 수가 없었다. 내가 얻어맞은 것처럼 배가 아팠다. 나는 눈을 감고 배를 움켜 쥔 채 몸을 앞으로 숙였다. 그리고 몸을 부르르 떨었다.

"김준오, 괜찮아?"

수진이의 걱정스런 목소리가 들렸다.

아, 나는 아직 누군가에게 맞을 마음의 준비가 되지 않았어. 괜히 새로운 세계에 발을 들여 놓은 거 아니야? 작년에도 이와 똑같은 상황에서 수진이를 버리고 도망을 쳤는데 또 도망갈 수도 없고. 난 고민이 되었다.

"김준오, 괜찮아? 어디 아파?"

수진이가 내 어깨를 흔들었다. 아, 창피해. 이게 무슨 꼴이람. 나는 슬그머니 눈을 뜨고 좌우를 살폈다. 대련을 했던 형들이 마지막으로 서로에게 인사를 하고 있었다. 나는 숙였던 몸을 천천히 세웠다.

"왜 그래?"

"응? 아니, 갑자기 배가 아파서."

"너 저 오빠가 바닥에 쓰러지는 거 보고 놀래서 그랬지? 작년에
도 그래서 도망갔잖아."

이런! 기억하고 있잖아! 나는 귀까지 빨개져서는 빨리 도장을
벗어나고 싶었다.

"괜찮아. 긴장하면 다 그래. 너도 계속 하다 보면 하나도 무섭지
않아. 나도 처음엔 그랬어. 맞는 거 보고 맘 편한 사람이 어디 있
겠니?"

수진이가 나를 위로해 주었다. 나는 천천히 고개를 들어 수진이
를 보았다. 수진이가 밝게 웃고 있었다. 이 자리에 영철이가 없는
게 천만다행이라는 생각이 들었다.

5 주이상스

태권도가 끝나고 집에 와 보니 엄마와 삼촌이 저녁 준비를 하고 있었다. 나는 엄마와 삼촌에게 도장에서 있었던 일을 이야기해 주었다.

"맞으면서 스트레스가 풀린다고? 하하. 사범님이 그래?"

"수진이가 그랬다니깐."

"어머, 수진이가 그런 말을 했어?"

엄마도 약간 놀란 모양이었다.

"주이상스."

삼촌이 식탁에 숟가락을 놓으며 말했다.

"뭐? 주이상스? 그게 뭔데?"

"수진이가 말한 거. 맞으면서 스트레스를 푸는 것처럼, 보통의 상식으로는 좀 이해하기 힘든 희열을 말해. 아직 네가 이해하긴 힘들 거야. 수진이 참 대단한 걸. 준오야, 너 수진이 옆에서 많이 배워야겠다. 수진이가 너보다 정신연령이 훨씬 높은 것 같아."

삼촌이 나를 뚫어지게 보았다.

"그렇지? 삼촌도 그렇게 생각하지? 나도 그렇게 생각해."

"마라톤에 빠진 사람들이 마라톤을 끊지 못하는 이유가 뭔지 알아? 42.195킬로미터는 인간의 한계를 느끼게 하는 죽음의 거리잖아. 그걸 알면서도 마라톤의 매력에 빠진 사람들은 절대 마라톤을 끊지 못하지. 죽을 것 같지만 그 와중에 주이상스를 느끼는데, 그 쾌감이 장난이 아니거든."

"죽을힘을 다할 때 그 고통 속에서 희열을 느낀다는 거야?"

"하하. 준오 너 태권도 끈기 있게 해 봐. 또 혹시 알아? 삼촌이 말한 주이상스를 느낄 수 있을지?"

엄마가 웃으면서 말했다.

나는 엄마와 삼촌 말대로 태권도의 세계에 빠져 보려고 노력했
다. 그러나 태권도는 확실히 내 취향은 아니었다. 나는 맞는 것도
싫었고 때리는 것은 더더욱 싫었다. 영철인 역시 나보다 운동신경
이 훨씬 좋았다. 지르기, 찌르기, 차기, 막기. 같은 동작을 해도 영
철이가 하는 동작은 훨씬 절도 있고 멋있었다. 영철이 옆에 서면
그렇지 않아도 작은 내 키가 더욱 작아지는 것 같았다. 가끔씩 수
진이가 나와 영철이의 모습을 지켜볼 때면 쥐구멍으로 들어가고
만 싶었다.

수련 수업 시간 중에 품이나 단이 높은 사람이 자기보다 급이
낮은 사람들을 가르치는 시간이 있었다. 수진이는 영철이와 날 가
르쳐 주기로 했다.

수진이는 먼저 태극 1장 시범을 보였다. 아래막기, 몸통막기,
몸통지르기, 앞차기를 하는 수진이를 보니 학교에서 봤을 때와는
정말 달랐다.

"따라해 봐."

그래서 우린 따라해 보았다. 영철이는 수진이가 하는 동작을 금
세 따라했지만 나는 순서도 틀리고 자세도 영 나오지 않았다. 수
진이가 영철이와 나를 비교할 생각을 하니 도장을 그만두고 싶은

마음이 들었다.

"자, 다들 이리로 모여 봐. 다음 주 일요일에 우리 지역에 있는 태권도장 배 오래달리기 대회 준비는 잘 하고 있겠지?"

사범님이 우리를 보고 말했다. 우리 도장은 한 사람도 빠지지 않고 모두 오래달리기 대회에 나가야 했다. 아, 난 정말 달리기 못하는데. 그것도 오래달리기라니. 달리다가 포기하고 말 거야. 그 날 아프다고 핑계대고 빠질까?

"준오야, 우리 저녁마다 아파트 단지 돌면서 연습할까?"

영철이가 말했다. 할 일이 얼마나 많은데 달리기 연습까지? '너나 해'라고 말하려고 순간 수진이가 좋은 생각이라고 환영하는 바람에 그만 고개를 끄덕이고 말았다.

"좋아. 그럼 오늘 저녁부터다."

오늘 저녁부터 달린다고 뭐가 달라질까. 나는 알았다고 말하고 집으로 향했다.

왜 영철이는 항상 일을 만드는 거야? 혼자 연습하면 안 되나? 급수 따는 자세 연습도 같이 하재, 학교도 같이 다니재, 이제는 달리기 연습까지. 나 혼자 수진이랑 놀까 봐 감시하나? 맞다, 맞아.

아무래도 그거야.

나는 영철이랑 수진이와 헤어져 힘없이 집으로 들어왔다.

"오늘은 도장에서 주이상스 느꼈어?"

삼촌이 놀리듯이 말했다. 나는 삼촌을 있는 힘껏 째려보았다. 삼촌은 흠칫 놀라며 "알았어, 알았어" 하며 손을 흔들었다.

태권도를 그 둘 수도 없고. 정말 미칠 것 같았다.

저녁 식사를 마치고 아파트 놀이터로 나갔다. 영철이가 벌써 나와 몸을 풀고 있었다. 그러나 수진이는 보이지 않았다.

"수진이는 아직 안 왔어?"

"수진이는 같이 한다는 얘기 없었는데."

뭐야. 수진이도 없는데 그럼 내가 왜 달리기 연습을 해?

"그럼 나도 안 할래."

나는 영철이를 남겨 두고 돌아섰다.

"수진이 밥 먹으면 밥 먹고, 수진이 공부하면 공부하고, 수진이 태권도 하면 태권도 하고. 넌 모든 걸 수진이만 따라해?"

"뭐?"

나는 돌아서서 영철이를 보았다.

"지금까지 보니까 네가 그렇더라고."

"그러는 넌?"

"나는 너처럼 수진이 따라 하지 않는데."

나는 뒤통수를 맞은 것 같았다. 생각해 보니 영철이 말대로 영철이가 수진이를 따라하는 건 없었다. 그럼 수진이가 영철이를 따라한 건가? 그것도 아닌 것 같은데. 정말 영철이 말대로 나만 수진이를 따라하는 건가?

"다른 뜻이 있어서 말하는 건 아니야. 다른 친구들이 네가 수진이만 쫓아다닌다고 수군거린단 말이야."

"네가 뭘 안다고 그래! 잘난 척만 하는 오영철. 또 잘난 척하는 거냐!"

나는 그만 나도 모르게 영철이의 어깨를 세게 밀고 말았다. 그 바람에 영철이가 땅바닥에 엉덩방아를 찧었다.

"김준오! 너네들 왜 그래!"

나는 깜짝 놀라 뒤를 돌아보았다. 수진이가 달려오고 있었다. 나는 영철이를 무섭게 째려보았다. 이 자식이!

"치사한 놈. 수진이 앞에서 나를 나쁜 놈으로 만들려고."

영철이가 엉덩이를 털고 일어났다.

"오해하지 마. 애들이 너에 대해서 말하는 걸 얘기해 주고 싶어서 그런 거야. 그리고 수진이가 올 줄도 몰랐고."

"김준오, 오영철. 너희 싸운 거야?"

"아냐, 아무것도 아냐. 장난하다 그런 거야."

내가 영철이를 미는 것을 수진이가 봤다고 생각하니 수진이 얼굴을 제대로 쳐다볼 수가 없었다. 수진이가 날 어떻게 생각할까? 날 나쁜 놈이라고 생각하겠지? 영철이를 쥐어 패고 싶을 정도로 얼굴에서 확확 열이 올랐다. 나쁜 자식. 넘어졌어도 내가 넘어졌어야 했는데.

"너희들끼리 연습해."

내가 힘없이 집으로 가려는데 영철이가 내 팔을 잡았다. 나는 영철이 팔을 확 뿌리쳤다. 그리고 무섭게 영철이를 노려보았다.

"너희 왜 그래? 진짜 싸웠구나. 무슨 일인지는 몰라도 그만 화해해, 친구끼리."

수진이가 걱정스럽게 말했다. 친구? 우리가 언제 친구였어? 슈퍼맨 사건 이후로 나는 영철이를 친구라고 생각해 본 적 없어!

나는 수진이와 영철이를 남겨 두고 집으로 향했다. 수진이가 보고 있었다니. 차라리 내가 영철이한테 맞았어야 했다는 생각이 떠

나질 않았다.

그날 이후 나는 영철이 수진이와 함께 다니지 않았다. 저녁에 달리기 연습도 혼자 하고 태권도 동작 연습도 혼자 했다. 마음속에는 오로지 영철이를 이겨야겠다는 생각이 가득했다.

6 죽을힘을 다해

드디어 오래달리기 대회 날이었다. 나는 대회를 하는 학교에 일찌감치 와 있었다. 운동장에 타원형으로 그려진 하얀 선을 보며 심호흡을 크게 했다. 오영철, 널 반드시 이기고야 말겠어.

사람들이 모이기 시작했다. 학교로 들어오는 수진이와 영철이의 모습이 보였다. 흥! 저도 수진이 옆에 붙어 다니면서 내가 붙어 다닌다고 뭐라고 해? 넌 이제 죽었어! 멀리서 수진이와 영철이가 나를 보고 손을 흔들었지만 나는 아는 척도 하지 않았다.

"4, 5, 6학년은 출발선으로 모여 주십시오."

안내 방송이 나왔다. 4, 5, 6학년이 다 같이 달리는 거리는 1,200미터였다.

나는 스탠드를 둘러보았다. 나를 응원하는 식구들의 모습이 보였다. 삼촌과 엄마가 '김준오 파이팅!'이라고 쓴 플랜카드를 흔들고 있었다.

"김준오, 이겨라! 김준오, 이겨라!"

민오와 혜인이가 내 이름을 열심히 불렀다. 아빠 머리 위에 앉아 있는 오공이의 모습도 보였다. 나는 식구들에게 자신 있게 손을 흔들었다. 그리고 달리기 편하게 하얀 선 바로 옆에 섰다.

"김준오, 1등!"

민오와 혜인이가 소리쳤다.

탕!

출발신호 소리가 나기 무섭게 잽싸게 앞으로 뛰어 나갔다. 무조건 빨리 달려야 해. 나는 달리면서 순간적으로 뒤를 돌아보았다. 영철이와 수진이가 한참 뒤에서 나란히 달리고 있었다.

오영철, 나한테서 수진이를 떼어 놓으려고! 흥! 어림도 없어!

나는 더욱 속력을 냈다. 헉, 헉, 헉! 숨이 점점 차올랐다. 하지만

나는 속력을 떨어뜨리지 않았다. 선두 대열을 놓치지 않고 이 속도로 계속 가면 반드시 1등을 할 수 있을 거야!

종아리가 찌릿 거리기 시작했지만 가뿐히 무시했다. 옆구리가 당겼지만 그것도 무시했다. 땀이 비 오듯 쏟아졌다. 땀방울이 눈으로 들어가 따끔거렸다. 종아리가 다시 저려왔다. 속도가 느려지면서 선두그룹에서 밀려나기 시작했다. 다시 이를 악 물고 죽을힘을 다해 뛰었다. 숨이 목까지 차오르고 심장이 터질 듯했다.

나는 한번 죽어 보자 생각하며 속력을 냈다. 선두 대열에 다시 끼는 순간, 종아리가 심하게 저려 그만 넘어지고 말았다. 내가 넘어지는 바람에 뒤에서 바짝 좇아오던 친구들도 나와 함께 넘어지고 말았다. 우리는 서로 엉켜 땅바닥에 나뒹굴었다.

종아리가 저려 도저히 일어날 수가 없었다. 응급반이 들것을 들고 내게로 뛰어오는 모습이 보였다. 나는 고개를 들어 뒤를 보았다. 수진이와 영철이가 달려오고 있었다.

이대로 물러설 수 없어!

나는 팔에 힘을 주어 바닥을 짚고 일어났다. 그리고 절뚝거리며 걷기 시작했다. 나보다 훨씬 뒤쳐졌던 친구들이 한 명씩 내 앞으로 지나가며 괜찮냐고 물었다. 너무 속상해서 눈물이 마구 흘렀다. 1등을 할 수 있었는데! 억울해, 억울해!

그런데 그때 누군가 내 옆에서 나와 같이 보조를 맞추며 걷기 시작했다. 나는 옆을 보았다. 수진이와 영철이었다. 수진이와 영철이가 내 양쪽 겨드랑이에 팔을 끼었다. 나는 수진이와 영철이의 도움을 뿌리치고 싶었지만 내 팔을 세게 잡고 있어서 뿌리칠 수 없었다.

"할 수 있겠어?"

영철이가 물었다.

"너한테 안 져."

나는 이를 꽉 물고 말했다. 눈물과 콧물이 범벅이 되어 입으로 들어갔다. 영철이가 씩 웃었다.

"우리 셋이면 끝까지 완주할 수 있어."

수진이가 결승점을 보며 말했다.

결승선이 100미터 앞에 보였다. 다리가 끊어질 것 같았다. 어쩌면 인대가 진짜 끊어졌을지도, 뼈가 부러졌을지도 모른다. 왜 이런 미련한 짓을 하는지 나도 몰랐다. 하지만 내 다리는 멈추질 않았다. 내 의지와는 상관없이 내 다리는 계속 움직이고 있었다.

나는 영철이와 수진이가 잡아 준 팔에 힘을 주었다. 우리는 서로를 마주보며 웃었다. 50미터, 30미터, 10미터, 5미터, 3미터, 1미터. 나는 4, 5, 6학년 전체에서 꼴찌를 했다. 하지만 내가 결승선에 들어서는 순간 떠나갈 듯한 박수소리가 터져 나왔다. 내 옆에는 수진이와 영철이가 환하게 웃고 있었다.

'치, 오영철 끝까지 멋있는 척 하기는.'

나는 피식 웃었다. 친구들의 환한 미소를 보자 그동안 꽁꽁 얼었던 마음이 조금은 녹는 것 같았다. 스탠드에서 식구들이 내 이름을 부르며 우르르 달려 내려오고 있었다.

태어나서 처음으로 구급차를 탔다. 병원으로 가는 내내 얼굴에서 미소가 지워지지 않았다. 엄마는 다친 게 뭐가 그리 좋으냐고 병원 가는 내내 핀잔을 주었다. 몸은 죽기 일보 직전이었지만 마음은 하늘을 나는 것 같았다.

나는 인대가 잔뜩 늘어져 결국 깁스를 했다. 하지만 나는 깁스를 하고도 태권도장을 계속 다녔다. 비록 친구들과 나란히 서서 운동을 하진 못했지만, 매트에 앉아 친구들이 하는 동작을 눈으로 익히고 또 익혔다.

"이렇게 열심히 하는 녀석은 처음 봤다. 다음 승급 시험에 반드시 합격하겠는 걸."

사범님이 나를 보고 웃으며 칭찬했다. 도장 식구들은 모두 나를 '난 놈'이라고 불렀다. 내가 생각해도 '난 놈'이었다.

난 깁스를 풀자마자 본격적으로 승급시험 연습을 시작했다. 수진이가 내게 특별지도를 해 주었다.

"김준오, 처음보다 진짜 많이 좋아졌어."

수진이의 말에 영철도 윙크를 하며 엄지를 들어보였다. 나는 입이 귀까지 걸렸다. 사범님한테 칭찬을 받는 것보다 기분이 100배는 더 좋았다. 나는 환하게 웃으며 수진이를 보았다.

2개월 후에 있을 승급시험에 꼭 합격하자. 그리고 노란 띠를 허리에 두르자. 노란 띠를 맬 상상을 하니 가슴이 두근거렸다.

나는 도장과 집을 가리지 않고 연습을 했다. 옷이 땀으로 흠뻑 젖을 때도 있었고 힘을 너무 줘서 팔과 다리가 아플 때도 있었다. 하지만 나는 사범님이 말한 유의사항을 입으로 되뇌며 태극 1장의 자세를 연습하고 또 연습했다.

"시선은 강하게, 기합은 힘차게, 동작에 완급을 주고, 힘의 강약을 조절하고, 중심을 잘 잡고⋯⋯."

　나는 화장실 거울에 비친 나를 뚫어지게 바라보았다. 기마 자세로 오른손 주먹을 뻗은 내 모습이 있었다. 거기엔 지금까지 보지 못했던 또 다른 나의 모습이 있었다. 눈에서 강한 불꽃이 사정없이 뿜어져 나오고 있었다.

　민오와 혜인이와 오공이는 문밖에 나란히 서서 그런 내 모습을 지켜보고 있었다. 내가 슬쩍 쳐다보자 민오가 엄지를 높이 치켜들었다. 나는 땀을 뻘뻘 흘리고 있는 거울 속의 내게 밝게 웃어 주었다.

　나의 동작은 침대에 누워서도 멈추지 않았다. 품새 동작을 연습하는 나의 팔을 보며 나도 모르게 웃음이 터졌다. 수진이에게 잘 보이려고 시작한 태권도였는데, 영철이를 이겨 보려고 이 악물고 연습하던 태권도였는데, 언제부터인가 내 마음속에는 그런 생각들이 사라져 있었다.

　천장에 수진이와 영철이의 모습이 떠올랐다. 이제 와 생각해 보니 내가 공부를 열심히 했던 것은 수진이에게 영철이보다 잘하는 것이 있음을 인정받고 싶어서였다.

소극적인 성격이었던 내가 영철이와 수진이와 친구를 할 수 있었던 것은 모두 영철이와 수진이의 노력 때문이란 생각이 들었다. 난 내가 소극적인 성격이 된 걸 영철이 탓으로 돌리고 있었지만, 그건 잘못된 생각이었다. 그나마 지금의 내가 있게 해 준 건, 내가 닮고 싶었던 스파이더맨 영철이가 있어 주었기 때문이다. 영철이가 내 앞에 있든 없든 영철이가 나의 마음속에 자리한 이상, 나는 앞으로도 계속 영철이에게 뒤지지 않기 위해서 노력을 할 것이다.

영철아, 내 친구가 되어 줘서 정말 고맙다. 그리고 언제나 날 친구로 생각해 줘서 고맙다.

나는 품새 동작을 마무리 하고 눈을 감았다. 입가에 저절로 웃음꽃이 피었다.

실재계

실재계는 매우 난해하면서도 동시에 가장 흥미로운 개념들 중의 하나입니다. 실재계는 초기의 주변적 위치로부터 발전하여 라캉의 후기사상에서 핵심적 주제로 자리 잡습니다. 실재계는 상징화에 저항하는 부분입니다. 그것은 주체성과 상징계의 심장부에 있습니다. 라캉은 '상상적인 것과 실재적인 것 사이에는 어떤 차이가 있을까요?' 라고 묻습니다. 상상적인 혹은 실재적인 질서 속에는 항상 어느 정도 많고 적음이 있으며, 문턱, 가장자리, 영속성이 있습니다. 상징적인 질서 속에는 모든 요소들이 대립하여 존재합니다.

실재적인 것이란 도대체 무엇일까요? 실재를 어떻게 정의를 내려야할까요? 이 질문들은 매우 철학적입니다. 그러나 라캉은 이 질문들에 대해 매우 간결하면서도 어떻게 보면 가장 상식적인 답변을 제시합니다. 그가 말하고자 하는 '실재적인 것' 은 모든 사람들이 흔히 생각하는 그런 의미의 '실재적인 것'이라고 말합니다. 사람들이 실재적인 것에 부여하는 의미는 다음과 같습니다. 그것은, 사람들이 그곳에 있든지 없든지 항상 같은 자리에 있는 것입니다.

우리는 라캉의 대답 속에서 이러한 태도를 볼 수 있습니다. 그에 따르면, '실재적인 것'이란 그것을 바라보는 사람이 그곳에 있든지 없든지 항상 그 자리에 있는 것입니다. '실제로 존재하는 것이 무엇인가?'란 질문에 이보다 더 설득력 있는 대답이 과연 있을까요.

라캉은 다음과 같은 예를 듭니다. 누군가 도서관에 책을 빌리러 갔습니다. 그런데 책꽂이에 찾는 책이 없었습니다. 도서관에 사서는 그 책은 대출 중이라고 대답했습니다. 그러나 사실 그 책은 바로 옆에 꽂혀 있었던 것입니다. 사람들이 책을 찾지 못한 이유는 책이 실제로 꽂혀있던 그 자리에 없어서가 아니라 원래 있어야 하는 그 자리에 없었기 때문입니다. 다시 말해 책은 실제적으로는 존재하지만 상징적으로는 존재하지 않습니다. 책은 항상 그 자리에 있습니다. 항상 그 자리에 있는 것, 다시 제자리를 되찾아 오는 것 즉, 항상 동일한 것이 바로 모든 사람들이 부여하는 '실재적인 것'의 의미입니다.

라캉은 다음과 같이 정의(定義)를 이끌어냅니다. 상징적인 질서 즉, 차이가 존재하기 위해서는 동일한 것 즉, '실재적인 것' 이 존재해야 합니다. 따라서 상징적인 것은 실재적인 것으로부터 솟아납니다. 라캉이 '사람들이 부여하는 일반적인 의미'에 의존했다고 해서 그가 실재에 대해 철학적으로 말하지 않은 것은 아닙니다. 라캉은 실재에 대한 아주 상식적인 생각 즉, '누군가가 거기에 있든지 없든지 항상 그 자리에 있는 것' 이란 생각에서 출발하여 가장 낯선 주장을 펴고 있는 것입니다.

실재적인 것이 항상 되돌아오는 그 자리는 사고 주체가 그것을 발견할 수 없는 바로 그런 자리입니다. 이 자리에서 사고하는 주체는 사고할 수 없습니다. "실제적인 것"은 바로 이 자리에 되풀이하여 등장합니다. 프로이트는 이 자리를 "원초적 장면"이라 불렀고, 라캉은 "원초적 실재"라고 불렀습니다.

라캉에게서 실재적인 것은 불가능하다고 말합니다. 그러나 실재적인 것은 체계에 저항하는 요소로 남아 있습니다. 실재적인 것은 상징화에 저항하는 것이며, 형식화의 장애물입니다.

여기서 불가능한 것의 의미를 찾을 수 있습니다. 불가능하다는 것은 상징화와 형식화가 불가능하다는 것입니다. 불가능한 것으로서의 실재적인 것이란 이처럼 상징화와 형식화에 저항하는 것이요 나아가 문자화와 표상화가 불가능하다는 것을 의미하는 것입니다. 그러므로 실재계는 말로 표현할 수 없는 인간존재의 궁극적 한계로서 죽음의 충동이나 주이상스(Jouissance)와 연계됩니다.

태어나기 이전의 세계로 돌아가고 싶은 해체의 리비도를 라캉은 주이상스라 이름 붙입니다. 프로이트의 죽음의 충동과 리비도를 연결시킨 것이 라캉의 주이상스입니다. 주이상스는 고통과 뗄 수 없는 쾌락입니다. 삶의 저편이기에 '대타자의 주이상스'라고도 이야기합니다.

그런데 인간은 한번 세상에 태어나면 주어진 삶을 살아야 합니다. 금방 죽을 것 같으면 힘들게 태어날 이유가 없습니다. 살아야 한다는 숙명에서 주이상스는 형태를 바꿉니다. 그때그때 상황에 맞게 변형되는 것입니다. 자극을 최소한 줄이고 쾌감을 늘리면서 죽음의 충동을 달래고 지연시켜 삶을 지속시킵니다.

주이상스는 욕망에 대비되는 것이며, 그것은 우리의 욕망이 실패할 때 우리가 경험하는 불만입니다. 주체들은 환상과 작은 타자를 통하여

이 불가능한 드라마를 연출합니다. 라캉의 이러한 개념들은 정신분석의 여러 이론과 다른 관련 학문분야에 커다란 변화를 일으켰습니다.

실재계를 이해하는 데 발생하는 어려움은 부분적으로 그것이 사물이 아니라는 사실에서 나타납니다. 그것은 세상의 물질적 대상이나 인간의 신체가 아니며, 심지어 현실이라고 할 수도 없습니다. 라캉에게 현실이란 상징들과 의미작용으로 구성되는 것입니다. 우리가 일반적으로 현실이라 부르는 것은 상징계 또는 사회현실과 연관되어 있습니다. 실재계는 사회적, 상징적 우주와 지속적인 긴장관계를 가지며 그 극한에 존재하는 미지의 것입니다.

실재계는 또한 매우 역설적인 개념입니다. 그것은 우리 사회현실의 기반이 됩니다. 또한 사회현실은 실재계가 없이는 존재할 수 없습니다. 동시에 실재계는 그 현실을 훼손시킵니다.

실재계를 이해하는 것이 더욱 난해한 이유는 라캉이 실재계에 대한 개념화가 그의 생애 전반에 걸쳐 급격히 변화하고 있기 때문입니다. 실재계는 환상, 대상 이러한 기능을 이해하지 않고서는 논할 수 없는 개념입니다.

에필로그

한 달 하고 말 줄 알았던 준오의 태권도는 봄이 가고 여름이 가고 가을이 가도 멈추지 않았다. 그리고 드디어 준오는 오늘 1품을 따기 위해 국기원에서 심사를 받게 되었다.

오늘 아침 준오는 많이 긴장해 있었다. 준오야, 난 널 믿어. 잘 할 수 있을 거야. 나는 준오에게 내가 아끼는 원숭이 인형을 갖다 주었다.

"힘내라고? 오공아, 고마워."

준오가 내 머리를 쓰다듬었다.

우린 국기원에 도착했다. 준오는 선수실로 갔고, 남은 가족은 객석으로 입장했다. 동물은 입장하지 못한다고 할까 봐 무지 걱정했지만 나도 가족의 일원으로 준오의 심사를 지켜봐야만 했다. 그래서 아빠의 가방에 몰래 숨겨져서 들어왔다. 히히.

삼촌이 비디오카메라를 돌렸다. 준오, 수진이, 영철이의 모습이 보였다. 준오야, 실수하면 안 돼. 나는 아빠 가방 안에서 털이 숭숭 난 두 손을 모으고 기도를 했다.

"김준오, 파이팅!"

그때 삼촌이 소리쳤다.

"아자, 아자, 파이팅!"

민오와 혜인이도 소리쳤다. 에이, 이렇게 부담을 주면 준오가 못하지. 하지만 나도 가만있을 수가 없었다.

"끽, 끼, 끽!"

파이팅! 드디어 준오의 손동작이 시작되었다. 준오의 동작은 절도가 있고 흐트러짐이 없었다. 품새가 끝나자 바로 겨루기가 이어졌다. 집에서 겨루기 때문에 걱정을 많이 했는데, 겨루기도 무리 없이 끝났다.

모든 심사가 끝나고 준오가 우리 쪽으로 달려왔다.

"어? 오공이도 왔네."

준오의 얼굴이 빨갰다. 준오가 나를 번쩍 안았다.

"오공아, 나 하는 거 봤지?"

준오가 내 머리를 쓰다듬었다.

"형, 진짜 대단해. 이렇게 이렇게 하는 게 대단해."

민오가 찌르기 흉내를 내며 귀엽게 말했다.

"어? 오빠 피? 입에서 피나."

혜인이의 말대로 준오 입을 보니 입에서 피가 나고 있었다.

"아까 너무 긴장을 해서 혀를 깨물었어. 하지만 하나도 안 아파."

그리고 준오가 씩 웃었다.

"오히려 피 나는 걸 즐기는 거 같은데? 비릿한 피맛? 으으."

삼촌이 웃으면서 말했다.

"흐흐. 삼촌, 이런 게 주이상스야?"

준오가 웃으면서 삼촌에게 물었다. 주이상스? 그게 뭐야? 아빠 엄마 랑 삼촌은 그 뜻을 아는지 준오의 말에 빙긋 웃었다.

"준오, 정말 대단해. 한 달 하고 그만둘 줄 알았는데. 이렇게 국기원에 와서 심사까지 다 받고."

엄마가 말했다.

"삼촌 말대로 나 이러다가 태권도 선수 되겠다고 하겠어."

"아빠는 찬성!"

아빠가 준오의 어깨를 툭 쳤다.

"엄마도 찬성! 자세가 딱 나오던데. 엄만 준오한테 반했어."

엄마도 준오의 어깨를 툭 쳤다.

"나도."

삼촌이 고개를 크게 끄덕였다.

"끼끼끼!"

나도 나도 찬성!

"뭐? 오공이까지 찬성이라고?"

내 말에 모두들 환하게 깔깔대며 웃었다.

"13년 동안 준오가 뭐가 돼 보겠다고 말한 건 처음인 것 같은데?"

아빠가 기뻐하며 말했다.

"앞으로도 그렇게 뭐든지 열심히 해. 그러면 더 많은 세상이 보일 것
이란다."

삼촌도 준오의 등을 두드리며 말했다. 그때 민오가 준오의 도복을 잡
아당겼다.

"나도 태권도 하고 싶어."

"그럼 우리 민오도 태권도 해야지."

아빠가 민오를 번쩍 안아 올렸다.

"준오야! 수진이 하는 거 보러 가자."

멀리서 영철이가 불렀다. 준오는 우리에게 해맑게 웃은 후 영철이가

있는 곳으로 달려갔다. 그리고 준오가 먼저 영철이의 어깨에 팔을 얹었다. 준오가 준오의 세계를 향해 힘차게 걸어가는 모습이 보였다.

"이제 라이벌이 완전히 사라졌나 보네."

삼촌이 말했다. 삼촌의 말에 아빠 엄마도 미소를 지었다. 국기원을 나오는 내내 민오는 "태권, 태권" 하면서 구령을 멈추지 않았다.

"오공, 너도 나랑 태권도 배울래?"

민오가 나를 보고 말했다. 나도 이참에 태권도나 배워 볼까? 나도 민오를 따라 태양을 향해 왼팔을 쭉 뻗었다.

통합형 논술
활용 노트

01 다음 글을 읽고 물음에 답하세요.

(가)

"따지고 보면 사람은 태어나면서부터 다른 사람들의 욕망에 의해 자라는 거니까."

난 앉은 자리에서 튀어나가 삼촌이 보던 책을 덮으며 물었다. 삼촌이 귀찮다는 듯 짧게 한숨을 쉬었다.

"그게 무슨 말이야?"

"뭐가?"

"다른 사람의 욕망이 뭐?"

"한번 생각해 봐. 욕망이 순수하게 나의 마음에서 저절로 생긴 거라면 아마 원하는 것을 얻었을 때 만족감을 느끼겠지. 하지만 욕망은 순수하게 나의 마음에서 생긴 것보다 다른 사람에 의해 만들어진 경우가 많기 때문에 내가 아무리 잘 해도 다른 사람이 인정하지 않으면 만족감을 얻을 수 없어."

"할아버지가 삼촌의 지금 모습을 인정하지 않는 것처럼?"

삼촌이 씩 웃으며 고개를 끄덕였다.

"어찌 보면 욕망은 남에게 인정받고 싶은 마음일지도 모르겠다. 너도 누군가에게 인정받고 싶잖아."

– 《자크 라캉이 들려주는 욕망 이야기》 중

(나)
얼짱 문화는 패션과 화장법, 액세서리까지 새로운 유행을 낳았다. 스타
일리스트 김○○ 씨는 "얼짱 후보들이 예전엔 상상도 못했던 옷이나 화
장법을 시도한다"고 주장했다. 얼짱들의 파격적인 치장법은 인터넷을 통
해 같은 세대에게 빠르게 전파된다. 젊은이들은 왜 이런 독특한 패션 유
행을 따르는 것일까? 김 씨는 다음과 같이 대답한다. "내가 강의하는 학
교나 일하는 현장에서 젊은 세대들에게 물어보면 대답은 늘 같습니다.
단지 예뻐 보이고, 사진에 예쁘게 나오면 그만이라는 거죠."

                – 2008년 06월 25일, 〈○○일보〉중

1. (가)를 읽고 (나)의 현상의 원인이 무엇인지 관련지어 이야기해 보세요.

2. (가)에서 말하는 욕망의 긍정적, 부정적 측면을 생각해 보고 (나)와 관
련지어 자신의 생각을 말해 보세요.

02 제시문 〔가〕를 읽은 후 ㉠의 뜻을 간단히 설명하고, 제시문 〔나〕에서 ㉠이 가리키고 있는 부분을 찾아보고, 여러분은 ㉠에 대해 어떻게 생각하는지 적어 보세요.

(가)

발드윈(J. Baldwin)이라는 심리학자가 6~18개월 되는 어린 아이가 거울에 비친 자기 모습을 보고 환호성을 지르는 걸 발견한 일이 있었어요. 침팬지나 다른 포유동물은 거울에 비친 자기 모습에 큰 관심을 보이지 않고 돌아선답니다. 오로지 인간만이 보일 수 있는 반응이었지요. 이것이 유아기에 발견되는 ㉠나르시시즘입니다. 자기 자신을 관심의 대상으로 여기는 것이지요.

라캉은 발드윈의 연구를 근거로 하여, 6~18개월 사이에 거울단계가 포함돼 있다고 말했습니다. 거울 속 이미지는 자아를 설명하는 데 꼭 필요한 요소입니다. 자아의 개념 속에는 반드시 상상체가 스며들어 있기 때문이지요. 따라서 상상계는 인간이 유아기에 자아를 만들어가는 영역이라고 할 수 있어요.

어린 아이는 처음 자신의 육체를 조각난 것으로 여깁니다. 팔 따로, 다리 따로 보이기 때문입니다. 그러다 누군가 거울을 보여줍니다. 처음엔 그게 자기 자신이란 걸 알지 못하죠. 그저 다른 생물체라고 받아들일 뿐이에요. 그러다 이리 저리 움직여도 보고 표정을 지어 보기도 하면서 그

것이 바로 자신의 모습이라는 것을 깨닫습니다. 그리곤 엄청난 환희와 기쁨을 느끼게 되죠.

－《자크 라캉이 들려주는 욕망 이야기》 중

(나)
한 나그네가 거사를 보고 이렇게 물었다.
"거울이란 얼굴을 비추어 보는 물건이든지, 아니면 군자가 거울을 보고 그 맑은 것을 취하는 것으로 알고 있는데, 지금 거사의 거울은 안개가 낀 것처럼 흐리고 때가 묻어 있습니다. 그럼에도 당신은 항상 그 거울에 얼굴을 비춰 보고 있으니 그것은 무슨 뜻입니까?"
거사는 이렇게 대답했다.
"얼굴이 잘생기고 예쁜 사람은 맑고 아른아른한 거울을 좋아하겠지만, 얼굴이 못생겨서 추한 사람은 오히려 맑은 거울을 싫어할 것입니다. 그러나 잘 생긴 사람은 적고 못 생긴 사람은 많습니다. 만일 한번 보기만 하면 반드시 깨뜨려 버리고야 말 것이니 먼지에 흐려진 그대로 두는 것이 나을 것입니다. 먼지로 흐리게 된 것은 겉뿐이지 거울의 맑은 바탕은 속에 그냥 남아있기 때문입니다. 그러니 잘생기고 예쁜 사람을 만난 뒤에 닦고 갈아도 늦지 않습니다. 아! 옛날에 거울을 보는 사람들은 그 맑은 것을 취하기 위함이었지만, 내가 거울을 보는 것은 오히려 흐린 것을 취하는 것인데, 그대는 어찌 이를 이상스럽게 생각합니까?" 하니, 나그네는 아무 대답이 없었다.

－ 이규보, 《경설》 중

통합형 논술
문제풀이

01 1. (가)에서는 욕망이 순수하게 나의 마음에서 생기는 것보다 다른 사람에 의해 만들어지는 경우가 많다고 합니다. 즉, 다른 사람을 만족시키고 인정받고 싶은 마음이 바로 욕망의 근원인 것이죠. (나)를 통해 알 수 있는 얼짱 문화는 그 대표적인 예입니다. 남들에게 예뻐 보이고 싶은 욕망은, 예쁜 것을 보고 싶어 하는 남들의 욕망을 만족시켜 주고 싶어 하는 마음에서 비롯됩니다. 물론 자기 자신에게 예쁘게 보이고 싶은 것일 수도 있습니다. 하지만 얼짱들이 시도한 옷이나 화장법, 액세서리 등을 다른 이들이 따라하는 것이 반드시 자기 자신의 눈만 만족시키기 위함은 아닙니다. 얼짱들을 통해 이미 예쁘다고 인정받은 것들을 취함으로써, 보다 확실하게 남들의 기대를 만족시켜 주고 싶은 욕망이 더 크게 작용합니다.

2. 남들에게 인정받고 싶은 욕망은 자기 자신의 발전을 위해 노력하게 합니다. 하지만 그것이 너무 과하면 자기 자신이 진정으로 원하는 것이 무엇인지 잊어버리거나 남들만 따라하면서 개성을 잃어버릴 수도 있습니다. 얼짱 문화도 마찬가지로 긍정적인 측면과 부정적인 측면이 함께 있습니다. 스스로 아름다워지려고 노력하는 것은 바람직하지만, 그저 남들 눈에 예뻐 보이기 위해 남들이 예쁘다고 하는 것만 따라하다 보면 자기 자신이 본래 가지고 있는 아름다움을 잃어버릴 수도 있습니다.

또한 얼짱 문화는 단지 얼굴이 예쁜가, 아닌가 하는 하나의 기준만 가지고 그 사람의 아름다움을 평가합니다. 인간에게는 외면적인 아름다움뿐만 아니라 내면적인 아름다움도 있습니다. 얼짱 문화는 내면적인 아름다움을 전혀 고려하지 않는, 매우 단편적인 척도일 뿐입니다. 우리는 얼짱이 인간의 아름다움을 판단하는 절대 기준이 아니란 걸 명심하면서, 보다 중요한 내면적 아름다움을 가꾸는 노력도 게을리 하지 말아야 할 것입니다.

02 나르시시즘이란 자기가 자기에게 반해버린 자아도취 현상을 말합

니다. 쉽게 말해 공주병, 왕자병과 같습니다. 나르시시즘은 그리스로마 신화에 나오는 나르키소스가 연못에 비친 자기의 얼굴을 보고 반했으나, 자신인 줄 모르고 계속 사랑하다 결국 물에 빠져죽는 비극적인 이야기에서 비롯된 단어입니다.

제시문 (나)에 나오는 거사의 대답 중 "얼굴이 잘생기고 예쁜 사람은 맑고 아른아른한 거울을 좋아하겠지만, 얼굴이 못생겨서 추한 사람은 오히려 맑은 거울을 싫어할 것입니다."라는 부분이 있습니다. 거울이란 본디 사물의 외관을 보여주는 도구입니다. 얼굴이 잘생기고 예쁜 사람은 거울을 통해 비춰지는 자신의 잘난 모습에 스스로 도취되어 계속 보고 싶어 하고 더 잘나도록 가꾸며, 나르시시즘으로 빠져듭니다. 제시문 (가)에서 설명하고 있는 거울 보기를 좋아하는 유아기처럼 잘생기고 예쁜 사람들도 거울 속에 비춰지는 아름다운 모습에 흡족해합니다. 적당한 나르시시즘은 자존감을 높이고 스스로를 사랑하고 아긴다는 점에서 긍정적으로 작용할 수 있습니다. 그러나 그 정도가 지나치면 외관만 비

취주는 거울에만 집착하여 외관의 아름다움만 중요시 여길 경향이 있습니다. 스스로에게 도취될 때 외적 모습만이 아니라 내적·외적의 아름다움을 함께 추구해야 합니다.